CORPORATE NAVIGATION

公司导航

从创业到企业传承的法律指引

孙 峰 / 著

中国法制出版社
CHINA LEGAL PUBLISHING HOUSE

谨以此书献给改革开放四十周年

序

1978年，改革开放的春风吹向中华大地，从那时起，一场人类历史上伟大的经济与社会变革慢慢拉开序幕。那是一段深情往事，一切都是刚刚开始，一切都仿佛充满着希望。

法律是上层建筑，由经济基础决定，并反作用于经济基础。公司是企业的一种形式，是一种以法人财产制度为核心，具备法人独立人格和股东有限责任特征，以科学规范的法人治理结构为基础，从事大规模生产经营活动的经济组织。公司制度是人类的伟大创造，极大地推动了现代商业文明的发展。法人独立人格，股东有限责任，股份的可转让性，法人治理结构是公司制度的显著特征。公司制度的萌芽和发展，促进资本主义经历了飞速发展的黄金时期。中国的《公司法》发端于外资企业领域，经历多次修订，于2005年形成现行《公司法》的基本格局。这部体现市场化精神，尊重企业自治的《公司法》推动了中国经济社会发展。

四十年春风化雨，四十载春华秋实，中华大地发生了沧海桑田的变化。中国的改革开放是一幅波澜壮阔的历史画卷，其中的每一个人都身处洪流之中。这期间，有很多人抓住机遇，通过自己的努力，改变了命运。中国的企业家便是他们中的杰出代表。面对未知，他们“摸着石头过河”；面对失败，他们百折不挠；面对财富，他们冷静执着。他们从人群中走来，一路摸爬滚打，走过慢慢长夜，终于迎来黎明的曙光，当他们功成名就，他们不曾忘记人群，慷慨解囊，又回到人群中去。他们是精神偶像和意见领袖，他们的创业故事可以称得上传奇；他们的人生是一座座丰碑，激励无数青年勇敢前行；他们是夜晚的灯塔，照亮航行的方向。一个民族有一群优秀的企业家，这个民族便有希望。

从战国时期封建国家间的合纵连横，到当今世界的公司并购浪潮，关于资源的争夺从未停止，只是换了形式在演绎。进入现代商业文明时期，政治国家间的兼并战争趋于缓和，商业领域的公司投资、并购日渐繁荣。创造价值是企业家的使命，具有战略眼光的企业家，应当具备法律风险意识。学习公司生命历程中的重要法律问题，不只是防范风险，更是主动创造价值。公司设立过程中的股权结构安排，公司章程自治事项，如何通过股权激励发挥人才的作用，公司的劳动关系管理，股权融资协议存在的隐患，公司上市需要解决的问题，公司如何开展并购实现协同效应，企业家如何在商海沉浮中避免发生刑事犯罪，企业濒临破产时如何力挽狂澜，如何传承企业乃至企业家精神，这些都是最现实、最重要的问题。律师对企业家最大的价值，不是在波澜起伏时力挽狂澜，而是在风平浪静时预见和避免危机。

生命有限，而岁月永恒。相对于浩瀚的宇宙和无尽的时光来说，我们每个人都渺小到不值一提。在时空的交汇点上，我们既然拥有了宝贵的生命，就应该好好珍惜她。在有限的时间里，争取有所作为，才能不枉此生。创业是艰难的，当我们走在黑暗的雨夜，没有星光和月华的时候，不要气馁，更不要放弃。培养自己具备远见、勇敢、探索、创新、坚持、责任的品质和精神，仰望星空，脚踏实地，你的理想一定能够实现。当我们走到时光河流彼岸，回首对岸曾经努力的自己，我们一定会泪流满面。

本书的写作，倾注了作者大量心血，融汇了作者十年寒窗苦读的收获和多年工作积累的经验。本书从构思、立意、布局、内容、语言等方面，作者都做了大量努力。本书以公司生命历程为主线，设置十章内容，第一章公司承载了我们的梦想，第二章设立公司，第三章股权激励，第四章劳动用工，第五章股权融资，第六章企业上市，第七章公司并购，第八章企业家刑事责任风险防控，第九章公司破产与拯救，第十章财富与企业传承。这十章内容涉及公司发展中最重要的法律问题，也是创业者和企业家最为关心的内容，每章只选取最核心的内容进行分析。本书兼顾理论与实践，侧重实践。

本书付梓之际，终于完成了作者的一件心愿。在忙碌的工作中，要完成本书的写作工作，实属不易。当我们坚持做一件事情，必定是有强大的信念支撑。结庐在人境，而无车马喧。每一次的阅读和写作，都是一次心灵的旅行，在那宁静的天空下，有我们记忆中儿时的欢声笑语，也有我们心之向往的归宿。我们仿佛一直在赶路，而忘记欣赏沿途的风景。有时候，停下脚步，驻足思考，可以让我们走得更远。

感谢多年以来，家人的陪伴，恩师的教导，朋友的支持。限于作者的水平和精力，本书难免存在纰漏之处，欢迎读者朋友与作者沟通交流，并不吝赐教！

孙峰

2019 年 7 月 8 日于苏州

目　录

第一章　公司承载了我们的梦想

2018 年一个恬静的午后，老秦坐在电视机前观看中央电视台改革开放四十周年系列节目。冬日温暖的阳光打在他的脸上，落地窗户外老秦种的花花草草透着岁月的痕迹。电视里出现的画面勾起了老秦的回忆，老秦想起自己几度沉浮的人生经历，不禁泪流满面，恍惚之间，他的记忆回到了 25 年前……

1993 年 3 月的一天，星期一，阳光明媚，来自苏北农村的小秦辞去了一份家乡集体企业的工作，只身一人坐上了南下的火车，他要去的目的地是改革开放的前沿地带——中国南方城市深圳。

坐在嘈杂的火车上，小秦望着窗外的天空，思绪万千……

第一节　公司的起源

孟德斯鸠在《论法的精神》中说，在民法慈母般的眼神中，每个人就是整个国家。传统民法奠定了所有权绝对、契约自由、过错责任三大原则，成为市民社会和商品经济运行的基本规范，而民法起源于罗马法。古罗马时期的商业组织主要是个人合伙，在亚里士多德生活的年代，所有权的观念渐渐深入人心，保护私有财产被写入法律，这成为市场交易日渐繁荣的重要前提。

在海洋时代到来之前，地中海沿岸就已经成为人类文明的发祥地之一。这里孕育了古埃及、古巴比伦、波斯帝国还有古罗马、古希腊灿若繁星的文明之光。中世纪，地中海沿岸是全球最发达的贸易区与商业区。13 世纪末，亚平宁半岛开始出现了资本主义萌芽，佛罗伦萨成为意大利文艺复兴的中心，那些如雷贯耳的艺术大师与这座城市有着千丝万缕的联系。人类思想的进一步解放，让自由、平等的观念得到发展。

中世纪，地中海沿岸出现了资本家与航海者之间的经营组织，资本家将资金或商品委托给航海者，具备航海经验和航海技术而缺乏资金的受托人以自己的名义驾船出海，从事海上贸易，获利后依据事前订立的契约进行分配。资本家只就投入的资金或货物负有限责任，从事航海经营的航海者对营业负无限责任。① 这种叫作“康孟达”的组织打破了家族经营的束缚，使资本与技能的结合出现新的形式，成为股东有限责任的雏形。“欠钱可以不还”这一石破天惊的想法，让资本家的野心和欲望进一步膨胀。

经过一段时间的发展，“康孟达”契约发展成为两合公司，普通合伙发展为无限公司，这两种组织形式促进了自由资本主义的发展。在这里还出现了梅第奇家族和梅第奇银行，以银行业为代表的金融业，将在人类商业史上扮演重要的角色。

来自大西洋的海风，吹拂着欧亚大陆最西端的罗卡角。在这里写着葡萄牙诗人卡蒙斯的一句著名诗：“陆地从这里终止，大海从这里开始。”15 世纪，葡萄牙和西班牙形成了统一的封建集权国家，他们开始发展海上贸易，希望找到通往东方的新航线。1488 年，葡萄牙航海家迪亚士，越过非洲最南端的好望角，实现了寻找新航线的重大突破。

1492 年 10 月 12 日，西班牙王室派遣的意大利籍航海家哥伦布发现了美洲新大陆，震惊世界。当夕阳的余晖略过伊比利亚半岛，人们带着对新世纪的憧憬告别了 15 世纪的最后一个日落。此后，欧洲强国纷纷走上海上贸易和殖民扩张道路。17 世纪，一群投资者组建了东印度公司，英国王室授予他们皇家许可状，使他们由此取得对印度的贸易垄断权。此后，英国东印度公司劈波斩浪，开启了一次次充满欲望的航行。

---

① 甘培忠：《企业与公司法学》，北京大学出版社 2012 年版，第 145 页。

17 世纪，荷兰发展达到鼎盛时期，成为“海上马车夫”。在荷兰，商人阶层掌握了国家的政治权利。荷兰东印度公司面向市民公开发行股票，成为世界上第一家上市公司。荷兰人第一次将证券市场、银行、公司组成一个相互联系的整体，形成现代金融和商业体系。

那时的公司不只是股东赚钱的工具，更承载了殖民掠夺和开拓疆土的使命。

1855 年英国颁布《有限责任法》，该法规定具备法定条件的公司注册完毕后，股东只承担有限责任，责任的限度为股东所持股份的价值，并要求公司名称中必须反映“有限”二字。此后德国颁布《有限责任公司法》，法国、日本等国家相继颁布《有限公司法》。公司作为独立的法人能够独立地承担责任，股东除缴纳出资外无须负担任何责任，这意味着完整意义上的股东有限责任制度的最终确立。

经过几百年的发展，公司制度日渐完善，得益于工业革命和公司化的管理运作，资本主义经历了飞速发展的黄金时期。

公司是企业的一种形式，是一种以法人财产制度为核心，具备法人独立人格和股东有限责任的特征，以科学规范的法人治理结构为基础，从事大规模生产经营活动的经济组织。

第二节　改革开放以来中国公司的发展

2018 年 10 月 1 日，晨曦唤醒中华大地，这片广袤富饶的土地渐渐露出迷人的姿态。这一天，我们格外怀念开辟改革开放事业的伟人，怀念四十年来我们一起经历的风风雨雨。

改革开放四十年，中华大地经历了沧海桑田的变化。四十年春风化雨，四十载春华秋实，中国的改革开放是一篇壮丽史诗。

1978 年改革开放的号角如一声春雷，响彻华夏，从那时起，一场伟大的经济社会变革慢慢拉开序幕。

1992 年邓小平同志南方谈话，开启历史性突破的深化改革。从理论上深刻回答了长期困扰和束缚人们思想的许多重大问题，推动改革开放和社会主义现代化建设进入新阶段。

邓小平理论第一次比较系统地回答了在中国这样一个经济文化比较落后的国家如何建设社会主义、如何巩固和发展社会主义等一系列基本问题。

改革开放，顺应了中国人民追求美好生活的历史要求。

四十年来，中国经历了巨变。我国国内生产总值从 1978 年的 3679 亿元增长到 2018 年的 90.03 万亿元；人均国内生产总值从 1978 年的 385 元增长到 2018 年的 64644 元；农村居民人均可支配收入从 1978 年的 133.6 元增长到 2018 年的 14617 元；城镇居民人均可支配收入从 1978 年的 343.4 元增长到 2018 年的 39251 元。①

中华人民共和国成立初期，中国人的主要交通工具是自行车，凤凰、永久等品牌的自行车遍布大街小巷的情景是几代人的回忆。20 世纪 90 年代，中外合资生产的桑塔纳、捷达轿车开始引领新的潮流。进入 21 世纪，随着中国加入 WTO，各种进口高级汽车进一步提升了人们的生活品质。此后，我国自主品牌汽车慢慢成长起来，民营车企吉利先后收购国际著名汽车公司沃尔沃和戴姆勒。

1978 年 10 月邓小平访问日本，他乘坐日本新干线高速铁路从东京前往京都，体验了飞驰的列车。② 截至 2017 年年底，统计数据显示，我国铁路运营总里程达到 12.7 万公里，其中高速铁路达到 2.5 万公里，中国已经建成全球最大的高速铁路网络。③

法律是上层建筑，由经济基础决定，并反作用于经济基础。

我国公司法立法起步于外资领域，然后逐步走到民营企业领域和国有企业改革领域。

1978 年十一届三中全会之后，中国向世界敞开了大门。1979 年 7 月 1 日，五届全国人大二次会议通过《中外合资经营企业法》；1986 年 4 月 12 日，六届全国人大四次会议通过《外资企业法》；1988 年 4 月 13 日，八届全国人大一次会议通过《中外合作经营企业法》。三部外资企业法及相关行政法规、规章的出

---

① 载国家统计局网站，http：//www. stats. gov. cn/，最后访问时间：2019 年 3 月 2 日。

② 《1978 年邓小平访日 开创中国国家领导人访日先河》，载人民网，http：//japan. people. com. cn/n/2014/0818/c35467 – 25485407. html，最后访问时间：2019 年 6 月 6 日。

③ 《全国铁路营业里程达 12.7 万公里 高铁 2.5 万公里》，载搜狐网，http：//www. sohu. com/a/214052081_ 115376，最后访问时间：2019 年 3 月 5 日。

台，为外资企业设立与运营提供了法治环境，为保护外国投资者权益提供了法律保障，为我国引进外资和国外技术、经验发挥了重要作用。

1992 年邓小平同志南方谈话，在中国面临向何处去的重大历史关头，对国内外形势作出了准确判断，进一步解放思想，坚定改革发展方向，加快改革步伐。

一时间，投资兴办企业日益活跃，公司法立法活动获得前所未有的清晰方向。

1993 年 12 月 29 日第八届全国人大常委会第五次会议通过《公司法》，自 1994 年 7 月 1 日起施行。此后 1999 年 12 月 25 日第九届全国人民代表大会常务委员会第十三次会议第一次修正，2004 年 8 月 28 日第十届全国人民代表大会常务委员会第十一次会议第二次修正。

然而，随着市场化程度的提高，1993 年《公司法》的不足逐渐显现，较高的投资门槛，僵化的强制性规定，仍然带有明显的计划经济体制烙印。

2005 年 10 月 27 日第十届全国人民代表大会常务委员会第十八次会议通过修订后的《公司法》，自 2006 年 1 月 1 日起施行。此次修订相当于重新制定了一部崭新的《公司法》，原法中只有二十余条内容未变，其他条款内容均有所调整。

2005 年《公司法》体现了鼓励投资，简化程序，提高效率的理念。大幅降低最低注册资本门槛，允许分期缴纳出资，出资方式多元化，引入法人人格否认制度，引入一人公司，废除了股份公司设立的审批制，充分尊重公司自治，突出了公司章程的制度构建作用。

2005 年《公司法》的立法理念彰显了市场化和开放性原则，是一部鼓励投资兴业的服务型公司法。该法取消了诸多不必要的国家干预条款，体现了我国经济领域发展观念的转变和公司法立法水平的进步，整部法律的体系与结构趋于合理、完善。2005 年 12 月 18 日《公司登记管理条例》也相应修订颁布，于 2006 年 1 月 1 日起施行。

2013 年 12 月 28 日第十二届全国人民代表大会常务委员会第六次会议对《公司法》做出多项调整。调整后的《公司法》自 2014 年 3 月 1 日起施行。本次修订，最主要的内容是废除最低注册资本制度，将注册资本实缴制改为认缴制。

2018 年 10 月 26 日，《公司法》再次进行了修改，对原法中股份回购相关内容进行了修改。

四十年的风雨征程，中国诞生了一大批具有代表性的公司和企业家。中国企业发展大致经历了公私合营、引进外资、中外合资、股份合作、乡镇企业、国企改制、鼓励发展民营企业、建立资本市场、中国企业“走出去”，海外投资与并购等发展历程。在那个充满机遇的年代，无数人白手起家，艰苦奋斗，缔造了一个个财富传奇。

那是一段激情燃烧的岁月，一切都是刚刚开始，一切都仿佛充满着希望。那些年，褚时健在玉溪卷烟厂打量着新上的烟草生产线①；鲁冠球还在杭州踦着自行车收购废旧钢材②；俞敏洪在江阴农村准备第三次高考③；王石走在深圳的街头思索着他的玉米生意④；同在一个城市的任正非创立了华为；在青岛张瑞敏指挥工人把76台冰箱砸成了废铁⑤；在武汉大学的图书馆里，一位叫雷军的年轻人正在聚精会神的看着那本《硅谷之火》⑥；马云和他的团队开始了新一轮创业，创立阿里巴巴网站……

王石先生说过：“正是登山，告诉我该如何珍惜生命，如何担负起生命的责任，如何面对人生。”⑦

没人能想到他们日后的成就，他们像大海上航行的舵手，探索前人未走过的路，用远见、勇气、决心、勤劳、执着、创新践行着自己的理想。如今，他们创立企业中的杰出代表已经可以称得上伟大的公司，他们用产品、服务还有观念改变了我们的生活，让我们享受到时代发展带来的福利。

2010年3月5日19时52分58秒，腾讯QQ同时在线用户数突破1亿，这在中国互联网发展史上是一座里程碑。这也是人类进入互联网时代以来，全世界首

---

① 周桦：《褚时健传》，中信出版社2016年版，第219页。

② 《马云的创业教父：开局只有6个农民，他用40年时间缔造震惊中外的商业帝国》，载搜狐网，https://www.sohu.com/a/203350054_355070，最后访问时间：2019年6月7日。

③ 俞敏洪：《在绝望中寻找希望》，中信出版社2014年版，第33页。

④ 王石：《道路与梦想》，中信出版社2014年版，第19页。

⑤ 《改革开放中的张瑞敏：砸碎76台冰箱的铁锤被国博收藏》，载新浪网，https://finance.sina.com.cn/china/gncj/2018-08-17/doc-ihhvciiw6699412.shtml，最后访问时间：2019年6月7日。

⑥ 王刚：《雷军：在风口上顺势而为》，哈尔滨出版社2016年版，第20页。

⑦ 王石：《道路与梦想》，中信出版社2014年版，第3页。

次单一应用同时在线人数突破 1 亿。[①]

2017 年，华为全球销售收入达到 6036.21 亿人民币，业务遍及全球 170 多个国家和地区，服务全世界三分之一以上的人口，拥有员工约 18 万名。[②]

中国在电子商务和移动支付领域，走在了世界前列。2017 年 11 月 11 日 21 点，天猫商城订单数超过了 7 亿，“双 11” 当天，天猫商城交易额达到 1682.7 亿元，支付宝支付笔数达 14.8 亿笔。[③] 2018 年天猫 “双 11” 当天成交额超过 2017 年 “双 11” 全天，用时 15 时 49 分。[④]

2010 年 3 月 28 日，中国浙江吉利控股集团有限公司与美国福特汽车公司在瑞典哥德堡正式签署协议，吉利以 18 亿美元收购沃尔沃 100% 股权。这是中国人在世界范围内拥有的第一个知名豪华汽车品牌。2018 年 2 月 24 日，吉利以约 90 亿美元价格收购了戴姆勒 9.69% 股份，成为奔驰母公司戴姆勒的最大股东。这是迄今为止，中国公司在西方汽车工业中的最大手笔投资。这一消息令德国汽车业感到震惊，《华尔街日报》引述德媒观点称，德国汽车业担心吉利会动摇德国工业之基石。

2010 年 4 月 6 日，雷军二次创业创立小米公司。小米公司应用了互联网开发模式开发产品，用极客精神做产品，成为“新国货运动”的发起者。小米成为行业的颠覆者，改变了国内外消费者对中国制造产品水平的认知。“让每个人都能享受科技的乐趣”是小米公司的愿景。小米用短短几年的时间，实现了惊人的成长。2018 年 7 月，小米集团在香港交易所上市。小米要做的，绝不仅仅是手机……

在未来，他们的影响力还在持续。

纵观中国 40 年改革开放宏伟历程，公司发挥了非常重要的作用。

---

① 《QQ 同时在线过亿 腾讯公司致信感谢广大网友》，载腾讯网，http：//tech.qq.com/a/20100305/000528.htm，最后访问时间：2019 年 3 月 7 日。

② 《华为投资控股有限公司 2017 年年度报告》，载华为公司网站，https：//www.huawei.com/cn/press-events/annual-report/，最后访问时间：2019 年 3 月 17 日。

③ 《新纪录！2017 天猫双 11 总成交额达 1682 亿元》，载 IT 之家网站，https：//www.ithome.com/html/it/334126.htm，最后访问时间：2019 年 4 月 9 日。

④ 《15 时 49 分！天猫双 11 成交额破 1682 亿元　超 2017 年全天》，载新浪网，https：//tech.sina.com.cn/i/2018-11-11/doc-ihnstwwq5939132.shtml? cre=sinapc&mod=g，最后访问时间：2019 年 4 月 9 日。

第三节　公司承载了人的梦想

当清晨的阳光唤醒一座城市，我们开始了忙碌的一天，当我们走在城市的每个角落，我们的工作和生活都已经与公司密不可分。无论是作为我们代步工具的汽车、我们光鲜亮丽的服装，还是路边的咖啡屋，抑或白领们每天上班的地方，公司无时无刻不在影响着我们。公司对我们而言，既熟悉又陌生。

世界上有过许多的商业组织，现代企业组织形式有个人独资企业、合伙企业等，公司能够存续并成为主流的企业组织形式必有其内在的原因。

公司制度是人类文明的产物，同时作为一种制度发明又极大地推动了人类社会的发展。

从战国时期的商鞅变法到 16 世纪的欧洲文艺复兴，制度革新才是推动人类社会进步的根本动力。

公司制度的创造性和优越性最集中地体现在：法人独立人格、有限责任、股权的可转让性以及法人治理结构。法人作为一种拟制的人，成为新的民事主体，它的人格具有独立性，有自己的资本和住所，公司以其全部财产独立地承担民事责任，股东以出资为限对公司承担有限责任，股东的股权可以依法转让。这样投资者的风险被大大缩小，有更多投资者愿意通过资本的集合来成立公司，从事生产经营。

股东虽然受到有限责任的保护，但不可以滥用法人独立人格和股东有限责任。特别是在注册资本认缴制情况下，公司有可能成为不诚信者逃避债务的工具。为了平衡债权人的利益，在有些情况下，债权人可以刺破公司面纱，追究股东的连带责任——如虚假出资，出资不足，抽逃出资，未按照要求履行与公司清算、注销相关的义务，以及其他滥用公司法人独立地位和股东有限责任，逃避债务，严重损害公司债权人利益的情形。对于只有一个股东的一人有限责任公司，当其股东不能证明公司财产独立于股东自己的财产时也应当对公司债务承担连带责任。

公司制度通过创设股东会、董事会和监事会的架构来实现分权与制衡，所有权与经营权的分离催化出职业经理人阶层，这样使股东负责决策，专业经理人作为企业的员工执行股东们的决议，以达到科学管理的目的。公司作为一种营利性的组织，其一切行动的根本目的在于追求股东利润最大化，能够更好地适应市场经济的要求。在资本市场，由于股份的可流通性，公司可以实现资产的证券化，成为上市公司。上市公司募集到资金之后，实力大为增强，可以开展投资并购，以并购驱动企业发展。

我们所处的这个时代，商业文明发达的程度超过人类历史的以往任何时期。公司这种企业组织形式自其产生以来发展至今，已经在经济生活中扮演着举足轻重的角色。可以说，公司诞生及其演进的过程，正是人类社会现代商业文明高歌猛进的真实写照。作为市场经济条件下最活跃的经济主体，公司内部治理结构和外部行为对于经济的繁荣和社会的发展具有重大的影响，因而也是值得我们持续关注的重要内容。

在漫长的历史岁月里，人类文明仿佛灿烂的繁星，散落在无尽的时空和浩瀚的宇宙中。那些千回百转的瞬间和力量，一直深深震撼着我们的心灵。但是，人的一生是短暂的，相对于浩瀚的宇宙和无尽的时光来说，我们每个人都渺小到不值一提。

那么，我们到底从何处来，又要往何处去呢？怎样才能在有限的生命中寻找一种永恒呢？

自由是人类的终极价值追求，从浩瀚的星空到脚下的土地，我们穷其一生的努力，都是为了获得我们想要的自由。

当我们不必再为获得生活必需品而出卖自己的时间时，我们就实现了财富自由。而自由的最高境界是思想自由，这需要我们通过不断学习和工作来提高品格修养，做自己喜欢的事情，把兴趣当成工作，用自己喜欢的方式度过人生。自由是让心灵可以愉快地旅行，自由是为了进步，让生命变得更美好。

在和平年代，我们纵然有苏秦张仪之才和秦皇汉武之志，也不能驰骋沙场，建立一番功业。但商业文明给了我们新的机会，创办一家公司，经过艰苦卓绝的努力，让它成为一家伟大的公司，甚至是商业帝国，去改善千千万万人们的生活，让更多的人实现自由，是一件非常有意义的事情。所以，朋友们，千万不要自我设限，行动起来，拒绝平庸，我们一定能够打赢从卑微到伟大的战役，实现真正的自由。

关于创业的故事，每天都在上演。创新能力对一个国家的发展至关重要，

“大众创业，万众创新”政策的出台，进一步推动了人们的创业热情。越来越多的年轻人，走上创业道路。新时代的创业，呈现出越来越多的新形式、新业态。互联网、大数据、人工智能、区块链等新经济模式的出现，正在改变人们对创业的认知。你有好的想法，有投资人愿意投资，你就可以创业。

当然，创业的道路是艰难的，创业成功并不是大概率事件。我们看到的成功者，是从无数创业者中脱颖而出的精英。他们中的许多人，也是经历了一次次的失败，才达到人生的巅峰。所有人都在为成功者喝彩，却少有人知道他们经历的苦难。要想到达胜利的彼岸，就要学会忍受孤独。当周围的人不理解你，不认可你的时候，不要放弃。怀揣坚定的理想，向目标前进，永不言败。

当现代社会的几个普通人走到一起，这个人可以是你，也可以是我，成为一家公司的股东，他们经过艰苦卓绝的努力，从无到有，从弱到强，用自己的产品和服务对他人乃至整个社会产生深远的影响，实现自身财富增值，解决社会问题，承担社会责任。他们可以纵横捭阖，在青年一代面前高谈阔论，表达自己的价值观。他们的企业登陆资本市场，成为公众公司，在几百年风起云涌之间得到传承。甚至当他们离开这个世界，他们的精神依然在激励无数后来人。还有什么样的人生比这更精彩？他们有一个响亮的名字——企业家，这是无比荣耀的职业，他们是和平年代的英雄。

创造价值是企业家的使命。企业家精神有着丰富而高尚的内涵，远见、格局、勇敢、探索、创新、坚持、责任这些美好的词汇，最适合用来诠释企业家精神。面对未知，他们“摸着石头过河”；面对失败，他们百折不挠；面对财富，他们冷静执着。他们从人群中走来，一路摸爬滚打，走过漫漫长夜，终于迎来黎明的曙光；当他们功成名就，他们不曾忘记大众，慷慨解囊，又回到大众中去。他们是精神领袖和意见领袖，他们的故事可以称得上传奇；他们的人生是一座座丰碑，激励无数青年勇敢前行；他们是夜晚的灯塔，照亮航行的方向。

正如奥斯特洛夫斯基在《钢铁是怎样炼成的》一书中写道：“人最宝贵的是生命，生命对每个人只有一次。人的一生应当这样度过：每当回首往事的时候，不会因为虚度年华而悔恨，也不会因为碌碌无为而羞耻……”

生命有限，但岁月永恒，公司的一生就是我们的一生。

所以说，公司承载着我们的梦想。

第二章 设立公司

时间过得很快，转眼两年过去了。这两年小秦做过服务生，做过车床工，后来通过做小买卖，逐步积累了一些资金。

在深圳，小秦认识了来自浙江的小陶和来自广东的小蒋。为了生意走上正轨，小秦决定成立一家公司。小秦和小陶、小蒋三人准备成立一家注册资本 200 万元的公司，大家的想法是让小秦控股并担任企业负责人，但大家一时不知道如何设置出资比例既符合各方的要求又有利于公司今后的发展。

经过讨论，大家最终确定由小秦出资 140 万元，持股 70%，其他两位分别出资 30 万元，分别持股 15%。

1995 年 3 月，公司在工商局完成设立登记，股权结构如下：

序号	股东	实缴出资（万元）	出资比例	出资方式
1	小秦	140	70%	货币
2	小陶	30	15%	货币
3	小蒋	30	15%	货币
合　计		200	100%	—

这一年，小秦 35 岁。

第一节　股权结构设计

股权结构是公司治理结构的基石，直接关系到控制关系的稳定和经营决策的效率，也能够体现一家公司的特征和价值取向。股权结构设计并没有固定的模式，也没有“最好的模式”，需要创业者掌握基本的原则和注意点，找出适合自身的股权架构。鉴于经营管理诉求的差异性，以及人性需求的复杂，股权结构设计往往不能只考虑单一因素，需要根据企业特点制订综合方案。

企业要想走得远，高瞻远瞩、掌控全局的顶层设计往往是必要的。

一、我国公司法约束下的股权结构设计

自然人将货币转入公司账户或者将实物、知识产权、土地使用权等财产所有权转移至公司后，完成出资，便成为公司的股东，依法享有股权。股权由财产所有权衍生而来，股权的源头是股东对出资财产的所有权，股权和典型的物权、债权具有不同特征。股东是公司的所有者，享有分配利润和剩余财产、决策管理、投票表决、查阅财务会计报告等权利。股权具有物权的某些权能，可以转让、继承、质押。股权是投资人投资公司而享有的权利，来源于投资人对投资财产的所有权。股权包含的权利主要有：（1）股东身份权；（2）参与决策权；（3）选择、监督管理者权；（4）分红和资产增值权；（5）知情权；（6）提议、召集、主持股东会会议权；（7）优先受让和认购新股权；（8）转让出资或股份的权利；（9）股东诉权等。

控制公司的方式主要有：股权控制；董事会、监事会和管理层的控制；协议控制；关键资源控制。股权控制是对公司最根本的控制，因为公司归根到底是股东的，资本多数决原则是最终的决策形式。由于董事会、监事会、法定代表人、总经理、财务总监、董事会秘书等机构和岗位在公司经营管理中具有现实的权力，所以也是控制公司的重要方面。

协议控制指通过法律文件来实现某种控制关系。例如，投票权委托、一致行动协议和章程自治，甚至通过有限合伙让普通合伙人负责管理事务，也可以理解为有限合伙人将经营管理权委托给普通合伙人行使。在股权之外，创业者可以运用章程自治和协议控制，建立适合自己的权利分配和利益调整方案。关键资源控制指创始人通过掌握企业的核心资源而控制整个企业，这不局限于法律范畴，如支付宝就属于阿里巴巴的核心资源之一。关键资源可以是对公司具有战略意义的核心技术、品牌、销售渠道等，也可以是公司印章、财务资料等。

根据我国现行《公司法》，涉及持股达到某种比例方能行驶相关权利的内容如下：

《公司法》第 39 条规定："股东会会议分为定期会议和临时会议。定期会议应当依照公司章程的规定按时召开。代表十分之一以上表决权的股东，三分之一以上的董事，监事会或者不设监事会的公司的监事提议召开临时会议的，应当召开临时会议。"

根据本条，有限公司持有 10% 以上表决权的股东可以提议召开临时股东会。对于小股东而言，10% 是《公司法》上一个重要的战略持股线，在许多情况下具有"以小博大"的作用。

《公司法》第 40 条规定："有限责任公司设立董事会的，股东会会议由董事会召集，董事长主持；董事长不能履行职务或者不履行职务的，由副董事长主持；副董事长不能履行职务或者不履行职务的，由半数以上董事共同推举一名董事主持。有限责任公司不设董事会的，股东会会议由执行董事召集和主持。董事会或者执行董事不能履行或者不履行召集股东会会议职责的，由监事会或者不设监事会的公司的监事召集和主持；监事会或者监事不召集和主持的，代表十分之一以上表决权的股东可以自行召集和主持。"

根据本条，当有限公司董事会、执行董事、监事会、监事均不能履行召集股东会职责时，持有 10% 以上表决权的股东可以自行召集和主持。

《公司法》第 43 条规定："股东会的议事方式和表决程序，除本法有规定的外，由公司章程规定。股东会会议作出修改公司章程、增加或者减少注册资本的决议，以及公司合并、分立、解散或者变更公司形式的决议，必须经代表三分之二以上表决权的股东通过。"

本条讲的是有限公司股东会特别决议事项，修改公司章程、增加或者减少注册资本的决议，以及公司合并、分立、解散或者变更公司形式的决议，必须经代表三分之二以上表决权的股东通过。三分之二的临界点可以理解为66.7%，当某个股东持有公司股权在66.7%及以上的时候，他对公司就形成了绝对控股，可以决定股东会所有决议的结果。

反过来理解，如果你是小股东，想在股东会上有一定话语权，你最好争取33.4%以上的股权。如果你持有33.4%的股权，那么股东会重大事项上，你就有了类似“一票否决权”的权利，这容易让人想起联合国安理会五大常任理事国的一票否决权。

《公司法》第102条规定：“召开股东大会会议，应当将会议召开的时间、地点和审议的事项于会议召开二十日前通知各股东；临时股东大会应当于会议召开十五日前通知各股东；发行无记名股票的，应当于会议召开三十日前公告会议召开的时间、地点和审议事项。单独或者合计持有公司百分之三以上股份的股东，可以在股东大会召开十日前提出临时提案并书面提交董事会；董事会应当在收到提案后二日内通知其他股东，并将该临时提案提交股东大会审议。临时提案的内容应当属于股东大会职权范围，并有明确议题和具体决议事项。股东大会不得对前两款通知中未列明的事项作出决议。无记名股票持有人出席股东大会会议的，应当于会议召开五日前至股东大会闭会时将股票交存于公司。”

现代公司治理制度借鉴了西方国家政治制度中的议会制度，股东大会是股份有限公司决定公司重大事件的最高决策机构。提案权是股东在股东大会上表达意愿，参与公司经营和治理的重要权利。根据本条，单独或者合计持有股份公司3%以上股份的股东，可以在股东大会召开十日前提出临时提案并书面提交董事会，即持股3%以上享有临时提案权。

《公司法》第103条规定：“股东出席股东大会会议，所持每一股份有一表决权。但是，公司持有的本公司股份没有表决权。股东大会作出决议，必须经出席会议的股东所持表决权过半数通过。但是，股东大会作出修改公司章程、增加或者减少注册资本的决议，以及公司合并、分立、解散或者变更公司形式的决议，必须经出席会议的股东所持表决权的三分之二以上通过。”

本条讲的是股份有限公司股东大会的表决方式，一般事项必须经出席会议的股东所持表决权过半数通过，特别重大事项，必须经出席会议的股东所持表决权的三分之二以上通过，即51%和66.7%的临界点。需要注意的是，与有限公司不同，股份公司人合性较弱，股份有限公司的股东所持每一股份有一表决权，形成相关决议时，以“出席会议的股东”所持表决权计算。

《公司法》第110条规定：“董事会每年度至少召开两次会议，每次会议应当于会议召开十日前通知全体董事和监事。代表十分之一以上表决权的股东、三分之一以上董事或者监事会，可以提议召开董事会临时会议。董事长应当自接到提议后十日内，召集和主持董事会会议。董事会召开临时会议，可以另定召集董事会的通知方式和通知时限。”

董事会是公司日常经营的决策机构，根据本条，股份公司代表10%以上表决权的股东，可以提议召开董事会临时会议。

《公司法》第149条规定：“董事、监事、高级管理人员执行公司职务时违反法律、行政法规或者公司章程的规定，给公司造成损失的，应当承担赔偿责任。”

《公司法》第151条规定：“董事、高级管理人员有本法第一百四十九条规定的情形的，有限责任公司的股东、股份有限公司连续一百八十日以上单独或者合计持有公司百分之一以上股份的股东，可以书面请求监事会或者不设监事会的有限责任公司的监事向人民法院提起诉讼；监事有本法第一百四十九条规定的情形的，前述股东可以书面请求董事会或者不设董事会的有限责任公司的执行董事向人民法院提起诉讼。监事会、不设监事会的有限责任公司的监事，或者董事会、执行董事收到前款规定的股东书面请求后拒绝提起诉讼，或者自收到请求之日起三十日内未提起诉讼，或者情况紧急、不立即提起诉讼将会使公司利益受到难以弥补的损害的，前款规定的股东有权为了公司的利益以自己的名义直接向人民法院提起诉讼。他人侵犯公司合法权益，给公司造成损失的，本条第一款规定的股东可以依照前两款的规定向人民法院提起诉讼。”

以上两条讲的是股东代表诉讼，当出现董事、监事、高级管理人员、他人损害公司利益的情形时，有限责任公司的股东、股份有限公司连续一百八十日以上单独或者合计持有公司1%以上股份的股东，为了公司利益，可以通过诉讼进行救济。

《公司法》第182条规定：“公司经营管理发生严重困难，继续存续会使股东利益受到重大损失，通过其他途径不能解决的，持有公司全部股东表决权百分之十以上的股东，可以请求人民法院解散公司。”

本条讲的是公司解散之诉，当公司出现难以解决的僵局情形时，持有全部表决权10%以上的股东，可以请求人民法院解散公司。所以，当某个股东持股90%以上时，他就可以彻底控制一个公司。如果你是小股东，10%是一个重要的战略支点，当你低于这个比例，如果经营管理发生严重困难或者股东不和，你就会陷入很被动的境地。

对于初创公司，一般情况下，应当凸显大股东和小股东的区别，不宜采用类似“50% +50%”或者“34% +33% +33%”的股权结构，这样容易出现公司僵局。宜采用类似“30% +70%”“40% +60%”或者“10% +30% +60%”之类的股权结构。公司融资时，创始股东的股权会被稀释，融资后的股权结构需要能够保证公司的决策效率和创始股东的话语权。此时，不宜采用类似“40% +35% +10% +10% +5%”的结构，如果持股35%的是投资人，投资人联合其他股东将使持股40%的创始股东失去控制权。因此，融资后的股权结构宜采用类似“55% +15% +10% +10% +10%”的结构。

股权结构的安排，可以遵循“创始人 + 合伙人 + 投资人 + 员工”的模式，前期做好结构设计，有利于后期引进合伙人、投资人和员工。对于预留的股权池，一般情况下由创始股东持有较为合理。

二、特殊股权结构

《公司法》第103条规定：“股东出席股东大会会议，所持每一股份有一表决权……”。

《公司法》第126条规定：“股份的发行，实行公平、公正的原则，同种类的每一股份应当具有同等权利……”。

同股同权是我国《公司法》确立的基本原则，也是所有权绝对原则的延伸，其强调资本多数决，对公司治理领域的契约约定有一定限制。

然而，公司法是公法与私法的结合。在法定原则下，股东常试图通过适用合同法的契约原则来安排各种有效的股权制度，以保护中小投资者的利益。通过适用合同法的契约原则来安排金融创新和制度创新以适应社会经济发展的需要和新经济形式出现的要求，这样的努力从未停止。

一般来说，成长性公司急需资金发展，股权融资成为一种常见的选择。公司融资会使得公司创始人的股权被反复稀释，使公司失去“主心骨”，为此公司股权与投票权相分离成为股东博弈的一种产物。

双层股权结构通过分离分红权和投票权，以实现创始人对公司的有效控制。双层股权结构区别于同股同权的制度，在双层股权结构中，股票通常被赋予为高、低两种投票权，高投票权的股票拥有更多的决策权。创始人团队为了企业上市后，依旧拥有对公司较高的控制权、决策权，高投票权的 B 类股成为他们热衷的选择。

我国内地 A 股市场不允许上市公司采用“双层股权结构”，香港资本市场经过激烈讨论，从 2018 年小米公司 IPO① 开始对此进行了有条件的突破。“双层股权结构”存在争议，是因为双层股权结构与“资本多数决”原则存在冲突，存在损害其他股东权利的倾向，不符合每股平等的法律基础。

双层股权结构让公司创始股东和高层管理人员维持对公司的控制权。通常在采用双层股权架构的公司里，创始人对公司的个人影响力非常大。创始人带领创业团队经过艰苦卓绝的努力最终走上巅峰，也就在企业中具有极强大的威信。这种投票结构可以使他们拥有大于持股比例的投票权。

例如，甲和乙两个人，花同样的钱各买了某公司 100 股股票，它们买的股票分别标记为 A 类股和 B 类股。两个人所持股份的比例都是相同的，即每人 100 股。但是，每个 A 类股对应 1 个表决权，每个 B 类股对应 10 个表决权。当股东大会行使表决权时，甲只有 100 个表决权，乙却拥有 1000 个表决权。

美股上市公司中有许多公司采用双层股权结构，甚至有采用“三层股权结构”的公司，创始人控制的 C 类股，每 1 股对应几十个表决权。在纳斯达克上市的国内某知名电商公司采取的是美股中较常见的 A/B 股双层结构，董事长兼 CEO 持有该公司 15.5% 的股权，但是根据双层股权结构的设计，其依靠所持有的特殊股，1 股拥有 20 个投票权，控制了这家公司 79.5% 的投票权。

---

① IPO 是 Initial Public Offerings 的简称，指股份公司首次公开发行股票。

另一某知名电商公司的合伙人制度可以看作双层股权结构的升级版。创始人团队选拔合伙人，合伙人决定董事会成员。合伙人拥有了超越其他股东的董事提名权和任免权，决定董事人选，进而决定公司的经营运作。创始人与大股东协商形成的合伙人制度，配套了许多措施保证该制度难以被改动，并成为深入企业根基的核心制度。该制度最现实的作用是保证了创始团队对公司的控制权，仅仅持有公司百分之十几股权的创始人管理层，通过合伙人制度就能层层控制这个市值几千亿美金的商业巨轮。这是“给我一个支点，我就能撬动整个地球”的现实版操作。

相对于普通双层股权结构，该制度更具个性化特征。普通双层股权结构是对基本持股数配置更多的表决权，在合伙人制度中，只要合伙人持有公司股份，则其投票权不受股份数额的影响，斩断股份被稀释的威胁，这让创始人和管理层可以长期稳定地控制公司。此外，该制度可以灵活地选任新合伙人，通过人才梯队建设促进公司长久发展。

富含创新思维的合伙人制度，保证公司决策团队的稳定和后续人才梯队的建设，传承旗帜鲜明的企业文化。该制度已经成为保证企业长久发展和传承的内在机制，成为企业文化的重要载体。

双层股权结构突破传统公司法的建构，将控制权从股权中分离出来，其实是创新型企业在融资过程中为了保留创始团队控制权与投资人进行博弈的结果。双层结构是投资者对管理者的一种利益谦让，也基于对创始团队的认可和信任，毕竟多数投资者的目的是盈利而不是控制公司。

双层股权结构优点在于，能够保证创始团队的绝对控制权，保证管理层决策不会受到投资人的干扰，公司战略的执行效率高。能够防范恶意收购，特别是一些需要控制权稳定的行业，保持长期稳定的独特风格和价值取向对企业至关重要。

双层股权结构缺点在于，过于依赖某个人或某个家族，带有浓厚的个人英雄主义色彩。一定程度上违背现代公司民主治理理念，不利于其他股东利益的保护，容易发生决策独裁。一旦创始人及管理层股东犯了严重的错误，或者接任者不够优秀，造成投资者的损失，很有可能严重影响公司的未来。相对于其他公司，这类公司股票价格波动会明显受到创始人个人行为的影响。

据我国《公司法》第 103 条、第 126 条，公司发行的新股是同股同权，即

"一股一权"。我国股份种类采用法定主义，虽然《公司法》第131条为公司发行的股份种类预留了立法空间，但除了优先股试点，国务院尚未规定其他股份种类。

在我国《公司法》的约束下，想要设计出类似效果，目前有以下方式：

有限公司通过公司章程的约定，不按出资比例行使表决权，使创始股东获得重大决策的控制权。

股份有限公司股东将自己的投票权授予其他股东代为行使，但是因这种属单方授权，授权股东可以随时撤销授权委托，由此投票权委托代理具有较大不确定性。

三、集团公司股权结构设计

对于存在多业务板块的集团公司，需要就集团整体架构进行筹划，设计时考虑的因素主要有方便开展业务和经营管理、控制权、税务筹划、上市需要等。

集团公司股权架构可以采用的几种基础模式如下：

（一）分业结构

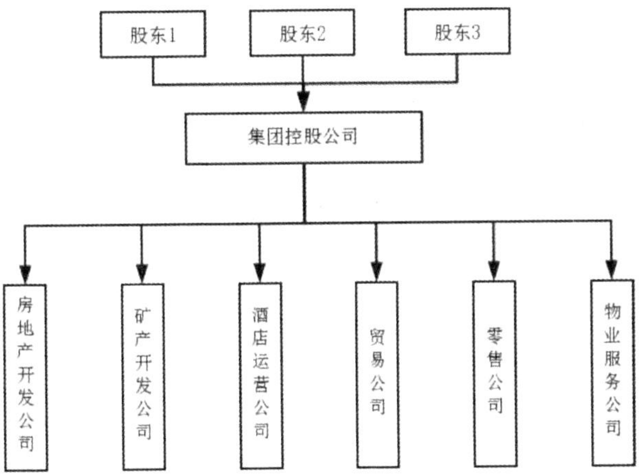

分业结构图示

该结构下，集团公司作为控股公司，控股公司以下按照业务类别分设若干子公司。各板块独立经营，条理清晰，便于集团公司多领域发展。

（二）串联结构

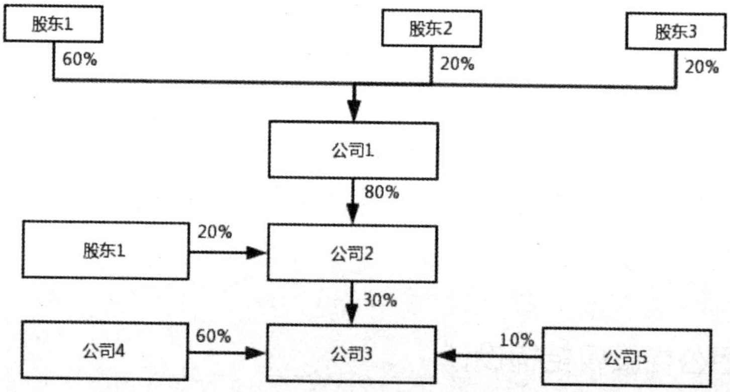

串联结构图示

该结构下，自然人股东成立集团公司，集团公司与其他公司合资成立子公司，子公司可再与其他公司合资成立新公司。该模式可以实现与商业伙伴的战略合作，便于资源整合。

（三）金字塔结构

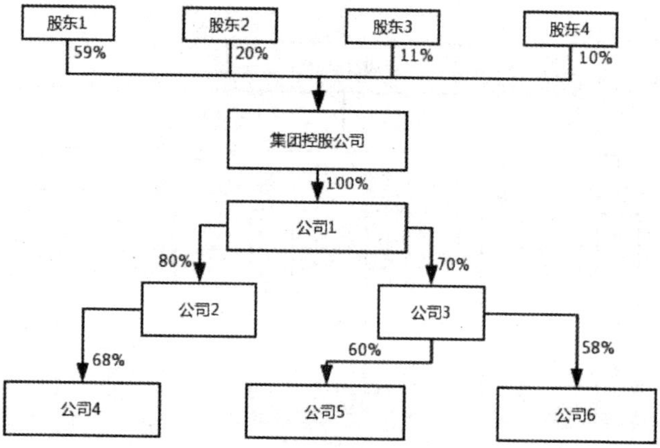

金字塔结构图示

该结构下，自然人股东成立集团控股公司，集团公司往下层层设立子公司，并掌握控股权。该结构形似金字塔，集团控股公司位于金字塔顶端，控制商业航母走向，并可以实现资本放大的目的。

第二节 公司章程自治

市场经济理论是公司自治的理论基础，市场配置资源的效率往往比计划经济更快，章程自治是公司法的重要发展成果。公司法兼有公法与私法的性质，是强行性规范与任意性规范的结合。这是经济学领域政府与市场关系的问题向法学领域的延伸。公司章程是公司治理的纲领性文件，对股东、董事、监事和高管，甚至公司以外的人（如交易对手）具有约束力。"依照公司章程规定""公司章程另有规定的除外"等表述，是《公司法》常用的立法语言，法律赋予股东在某些重要事项上拥有意思自治的权利。然而，由于大众对法律的理解尚不深入，加上成本考虑，绝大多数新设立的公司均采用工商行政管理部门提供的标准模板，这些标准模板的内容主要是直接引用法律条文。受制于业务水平，一些地方的工商行政管理部门甚至不接受股东依照意思自治原则制定的公司章程进行登记备案。这种不合理的情形长期存在，是行政管理上的问题，随着政府服务意识的逐渐提高，加上创业者和法律工作群体积极争取，这种局面会慢慢改善。

中国人民大学刘俊海教授认为，2013 年修改后的《公司法》堪称一部鼓励公司自治的市场型公司法。①

根据我国现行《公司法》，公司章程可以通过自由约定实现章程自治的重要事项如下：

一、法定代表人

《公司法》第 13 条规定："公司法定代表人依照公司章程的规定，由董事

① 刘俊海：《现代公司法》，法律出版社 2015 年版，第 135 页。

长、执行董事或者经理担任，并依法登记。公司法定代表人变更，应当办理变更登记。”

法定代表人是公司对外行为的代表，管理公司印章，签署相关文件，其从事的某些法律行为会由公司承担结果。

当一方股东提名董事长人选，另一方股东推荐总经理人选时，法定代表人由谁担任，掌握财务资料的财务负责人由谁提名，对公司控制力将产生重大影响。

根据我国现行法律体系，公司的法定代表人主要有以下权利和义务：

《民法通则》第43条规定：“企业法人对它的法定代表人和其他工作人员的经营活动，承担民事责任。”

《合同法》第50条规定：“法人或者其他组织的法定代表人、负责人超越权限订立的合同，除相对人知道或者应当知道其超越权限的以外，该代表行为有效。”

《民事诉讼法》第48条规定：“……法人由其法定代表人进行诉讼。其他组织由其主要负责人进行诉讼。”

根据我国现行法律体系，公司的法定代表人可能面临的主要风险有：

《民法总则》第62条：“法定代表人因执行职务造成他人损害的，由法人承担民事责任。法人承担民事责任后，依照法律或者法人章程的规定，可以向有过错的法定代表人追偿。”

《公司法》第21条规定了控股股东、实际控制人、董事、监事、高级管理人员不得损害公司利益，第147条、第149条规定了董事、监事、高级管理人员的勤勉忠实义务，这些人员对给公司造成损害的，需要承担赔偿责任。

《民法通则》第49条规定：“企业法人有下列情形之一的，除法人承担责任外，对法定代表人可以给予行政处分、罚款，构成犯罪的，依法追究刑事责任：（一）超出登记机关核准登记的经营范围从事非法经营的；（二）向登记机关、税务机关隐瞒真实情况、弄虚作假的；（三）抽逃资金、隐匿财产逃避债务的；（四）解散、被撤销、被宣告破产后，擅自处理财产的；（五）变更、终止时不及时申请办理登记和公告，使利害关系人遭受重大损失的；（六）从事法律禁止的其他活动，损害国家利益或者社会公共利益的。”

《民事诉讼法》第241条规定：“被执行人未按执行通知履行法律文书确定

的义务，应当报告当前以及收到执行通知之日前一年的财产情况。被执行人拒绝报告或者虚假报告的，人民法院可以根据情节轻重对被执行人或者其法定代理人、有关单位的主要负责人或者直接责任人员予以罚款、拘留。”

《民事诉讼法》第 255 条规定：“被执行人不履行法律文书确定的义务的，人民法院可以对其采取或者通知有关单位协助采取限制出境，在征信系统记录、通过媒体公布不履行义务信息以及法律规定的其他措施。”

《最高人民法院关于适用〈中华人民共和国民事诉讼法〉执行程序若干问题的解释》（法释〔2008〕13 号）第 37 条规定：“被执行人为单位的，可以对其法定代表人、主要负责人或者影响债务履行的直接责任人员限制出境……”。

《出境入境管理法》第 12 条规定：“中国公民有下列情形之一的，不准出境：……（二）被判处刑罚尚未执行完毕或者属于刑事案件被告人、犯罪嫌疑人的；（三）有未了结的民事案件，人民法院决定不准出境的……”。

《最高人民法院关于限制被执行人高消费及有关消费的若干规定》（法释〔2015〕17 号）第 3 条规定：“被执行人为自然人的，被采取限制消费措施后，不得有以下高消费及非生活和工作必需的消费行为：（一）乘坐交通工具时，选择飞机、列车软卧、轮船二等以上舱位；（二）在星级以上宾馆、酒店、夜总会、高尔夫球场等场所进行高消费；（三）购买不动产或者新建、扩建、高档装修房屋；（四）租赁高档写字楼、宾馆、公寓等场所办公；（五）购买非经营必需车辆；（六）旅游、度假；（七）子女就读高收费私立学校；（八）支付高额保费购买保险理财产品；（九）乘坐 G 字头动车组列车全部座位、其他动车组列车一等以上座位等其他非生活和工作必需的消费行为。被执行人为单位的，被采取限制消费措施后，被执行人及其法定代表人、主要负责人、影响债务履行的直接责任人员、实际控制人不得实施前款规定的行为。因私消费以个人财产实施前款规定行为的，可以向执行法院提出申请。执行法院审查属实的，应予准许。”

《企业破产法》第 15 条规定：“自人民法院受理破产申请的裁定送达债务人之日起至破产程序终结之日，债务人的有关人员承担下列义务：（一）妥善保管其占有和管理的财产、印章和账簿、文书等资料；（二）根据人民法院、管理人的要求进行工作，并如实回答询问；（三）列席债权人会议并如实回答债权人的询问；（四）未经人民法院许可，不得离开住所地；（五）不得新任其他企业的董事、监事、高级管理人员。前款所称有关人员，是指企业的法定代表人；经人民法院决定，可以包括企业的财务管理人员和其他经营管理人员。”

《税收征收管理法》第44条规定：“欠缴税款的纳税人或者他的法定代表人需要出境的，应当在出境前向税务机关结清应纳税款、滞纳金或者提供担保。未结清税款、滞纳金，又不提供担保的，税务机关可以通知出境管理机关阻止其出境。”

另外，《刑法》中一些单位犯罪，会涉及直接负责的主管人员和其他直接责任人员的刑事处罚。

以上只是一些法律规范的列举，并不能穷尽所有情况。在涉及公司责任的许多场合，会涉及法定代表人的个人责任，如环保问题、食品安全问题、安全生产问题等，这些责任可能是行政责任、民事责任，也可能是刑事责任。

担任公司法定代表人的风险客观存在，要避免这些风险最根本的措施是合法规范经营。实践中，个别经营不规范的公司找他人担任法定代表人，这种做法从一开始就具有先天的不良动机倾向，作为守法公民，对于他人的这种要求应当持谨慎态度。对于公司的重大经营活动应由股东会或董事会履行集体决策程序，涉及违反法律、行政法规或公司章程的事项，法定代表人可以提出异议，并记载于会议文件，这样可以在一定程度上降低法定代表人的风险。

二、投资与担保

《公司法》第16条规定：“公司向其他企业投资或者为他人提供担保，依照公司章程的规定，由董事会或者股东会、股东大会决议；公司章程对投资或者担保的总额及单项投资或者担保的数额有限额规定的，不得超过规定的限额。公司为公司股东或者实际控制人提供担保的，必须经股东会或者股东大会决议。前款规定的股东或者受前款规定的实际控制人支配的股东，不得参加前款规定事项的表决。该项表决由出席会议的其他股东所持表决权的过半数通过。”

本条规定了公司章程中可以就公司向其他企业投资或者为他人提供担保事项作出约定。对外担保是公司的重要事件，现实中，公司因为对外担保遭受重大损失甚至破产的例子不在少数。目前，司法实践中就公司超越章程权限对外担保的效力认定上存在不同意见。从银行等债权人的角度出发，应当严格审查担保人的公司章程，最好要求担保人同时提供董事会决议以及股东会或者股东大会决议，并对会议文件的真实性和有效性进行审查。

三、出资方式、出资额和出资时间

《公司法》第 25 条规定："有限责任公司章程应当载明下列事项：（一）公司名称和住所；（二）公司经营范围；（三）公司注册资本；（四）股东的姓名或者名称；（五）股东的出资方式、出资额和出资时间；（六）公司的机构及其产生办法、职权、议事规则；（七）公司法定代表人；（八）股东会会议认为需要规定的其他事项。股东应当在公司章程上签名、盖章。"

《公司法》第 26 条规定："有限责任公司的注册资本为在公司登记机关登记的全体股东认缴的出资额。法律、行政法规以及国务院决定对有限责任公司注册资本实缴、注册资本最低限额另有规定的，从其规定。"

2013 年修改后的《公司法》采用注册资本认缴制度，股东可以在章程中约定缴纳出资的期限。股东在出资方式、出资额和出资时间上的自治权，并不等于股东可以滥用这种权利，拒不履行出资义务。出资是股东的最基本义务，股东不及时履行出资义务将面临不利的法律后果。根据《公司法》第 28 条和第 29 条的规定，股东不按照规定缴纳出资的，应当补足出资，并向已按期足额缴纳出资的股东承担违约责任；非货币财产出资不实，应当补足出资并承担违约责任。

注册资本认缴的情况下，无限放大注册资本会给股东带来极大风险。根据《最高人民法院关于适用〈中华人民共和国公司法〉若干问题的规定（二）》，公司财产不足以清偿债务时，债权人可以主张未缴出资股东以及公司设立时的其他股东或者发起人在未缴出资范围内对公司债务承担连带清偿责任。根据执行程序的相关规定，当被执行人无财产清偿债务，股东存在出资不实或抽逃出资的，可以裁定变更或追加股东为被执行人，在出资不实或抽逃出资范围内承担清偿责任。

四、分取红利，认缴增资

《公司法》第 34 条规定："股东按照实缴的出资比例分取红利；公司新增资本时，股东有权优先按照实缴的出资比例认缴出资。但是，全体股东约定不按照出资比例分取红利或者不按照出资比例优先认缴出资的除外。"

根据本条，如果股东之间没有约定，则分红和优先认缴增资按照实缴的出资比例进行。但书条款表明，股东如果有特殊约定，可以不按照实缴比例来。本条对于股东之间进行分红权和优先认缴增资权的分配与让渡留下空间，有了本条规定，可以说有限公司的股东们具有了自行设计类似于优先股的一些权利。控股股东在掌握控制权的同时，可以给对公司作出特殊贡献者更多的分红权益。

五、股东会职权，定期会议召开时间、通知时间

《公司法》第 37 条规定："股东会行使下列职权：（一）决定公司的经营方针和投资计划；（二）选举和更换非由职工代表担任的董事、监事，决定有关董事、监事的报酬事项；（三）审议批准董事会的报告；（四）审议批准监事会或者监事的报告；（五）审议批准公司的年度财务预算方案、决算方案；（六）审议批准公司的利润分配方案和弥补亏损方案；（七）对公司增加或者减少注册资本作出决议；（八）对发行公司债券作出决议；（九）对公司合并、分立、解散、清算或者变更公司形式作出决议；（十）修改公司章程；（十一）公司章程规定的其他职权。对前款所列事项股东以书面形式一致表示同意的，可以不召开股东会会议，直接作出决定，并由全体股东在决定文件上签名、盖章。"

《公司法》第 39 条规定："股东会会议分为定期会议和临时会议。定期会议应当依照公司章程的规定按时召开。代表十分之一以上表决权的股东，三分之一以上的董事，监事会或者不设监事会的公司的监事提议召开临时会议的，应当召开临时会议。"

《公司法》第 41 条规定："召开股东会会议，应当于会议召开十五日前通知全体股东；但是，公司章程另有规定或者全体股东另有约定的除外。股东会应当对所议事项的决定作成会议记录，出席会议的股东应当在会议记录上签名。"

除《公司法》第 37 条列举的内容，公司章程可以约定股东会行使的其他职权，便于公司自治。例如，约定投资、融资、处置购买资产达到多少金额时，必须经股东会会议决议。

为防止今后公司股东出现纠纷，公司陷入僵局而不能召开股东会，章程中可以约定每年至少召开两次股东会定期会议，并明确会议的时间和地点。有限责任公司股东会需要提前 15 日通知，但公司章程或全体股东可以对此进行其他约定。

六、股东会行使表决权、议事方式和表决程序

《公司法》第 42 条规定："股东会会议由股东按照出资比例行使表决权；但是，公司章程另有规定的除外。"

《公司法》第 43 条规定："股东会的议事方式和表决程序，除本法有规定的外，由公司章程规定。股东会会议作出修改公司章程、增加或者减少注册资本的决议，以及公司合并、分立、解散或者变更公司形式的决议，必须经代表三分之二以上表决权的股东通过。"

公司章程可以约定股东会会议按照认缴的出资比例行驶表决权，按照实缴的出资比例行驶表决权，或者按照特殊比例行驶表决权。根据以上规定，可以进行适当特殊安排，如约定某股东享有 34% 的表决权，类似重大事项的一票否决权。

根据《公司法》第 43 条的规定，修改公司章程、增加或者减少注册资本的决议，以及公司合并、分立、解散或者变更公司形式的决议，必须经代表三分之二以上表决权的股东通过。该事项不能通过约定排除。在不违反本条的前提下，公司章程可以约定其他一般决议事项和特殊决议事项。

七、关于董事

《公司法》第44条规定："有限责任公司设董事会，其成员为三人至十三人；但是，本法第五十条另有规定的除外。两个以上的国有企业或者两个以上的其他国有投资主体投资设立的有限责任公司，其董事会成员中应当有公司职工代表；其他有限责任公司董事会成员中可以有公司职工代表。董事会中的职工代表由公司职工通过职工代表大会、职工大会或者其他形式民主选举产生。董事会设董事长一人，可以设副董事长。董事长、副董事长的产生办法由公司章程规定。"

《公司法》第45条规定："董事任期由公司章程规定，但每届任期不得超过三年。董事任期届满，连选可以连任。董事任期届满未及时改选，或者董事在任期内辞职导致董事会成员低于法定人数的，在改选出的董事就任前，原董事仍应当依照法律、行政法规和公司章程的规定，履行董事职务。"

董事会是一家公司经营决策实际主导机构，董事会席位、董事长和副董事长人选的确定等问题对于一家公司的战略决策、经营管理以及股东掌控公司来说，至关重要，这些事项可以在公司章程中进行筹划、安排，这些事项往往也是创始股东和投资人博弈的一个重点。

董事长、副董事长的产生办法由公司章程规定。公司章程可以约定董事长、副董事长由董事选举产生，也可约定由股东会选定，甚至可以规定由某个或某些股东推选的人员担任。董事任期由公司章程规定，但每届任期不得超过三年，董事任期届满，连选可以连任。

《最高人民法院关于适用〈中华人民共和国公司法〉若干问题的规定（五）》第3条规定："董事任期届满前被股东会或者股东大会有效决议解除职务，其主张解除不发生法律效力的，人民法院不予支持。董事职务被解除后，因补偿与公司发生纠纷提起诉讼的，人民法院应当依据法律、行政法规、公司章程的规定或者合同的约定，综合考虑解除的原因、剩余任期、董事薪酬等因素，确定是否补偿以及补偿的合理数额。"

董事由股东会或者股东大会聘任，也由其负责解除职务。董事与公司并非《劳动法》上的关系，可以不在公司全职上班。公司章程可以规定董事职务的解除情形，以及解除董事职务的补偿标准。

八、董事会职权、执行董事职权

《公司法》第46条规定："董事会对股东会负责，行使下列职权：（一）召集股东会会议，并向股东会报告工作；（二）执行股东会的决议；（三）决定公司的经营计划和投资方案；（四）制订公司的年度财务预算方案、决算方案；（五）制订公司的利润分配方案和弥补亏损方案；（六）制订公司增加或者减少注册资本以及发行公司债券的方案；（七）制订公司合并、分立、解散或者变更公司形式的方案；（八）决定公司内部管理机构的设置；（九）决定聘任或者解聘公司经理及其报酬事项，并根据经理的提名决定聘任或者解聘公司副经理、财务负责人及其报酬事项；（十）制定公司的基本管理制度；（十一）公司章程规定的其他职权。"

《公司法》第50条规定："股东人数较少或者规模较小的有限责任公司，可以设一名执行董事，不设董事会。执行董事可以兼任公司经理。执行董事的职权由公司章程规定。"

董事会是公司股东选出的决策管理机构，董事会和执行董事的职权需要法律和公司章程来授权，未授权的，则不能行使。

为便于公司治理，公司章程可以约定董事会的其他职权，如约定董事会签约权限，对外投资、担保的权限等，当涉及资产达到一定规模时，需要由股东会进行决议。不设董事会的公司，可以设置执行董事，执行董事的职权由股东通过章程约定。

九、董事会议事方式和表决程序

《公司法》第48条规定："董事会的议事方式和表决程序，除本法有规定的外，由公司章程规定。董事会应当对所议事项的决定作成会议记录，出席会议的董事应当在会议记录上签名。董事会决议的表决，实行一人一票。”

需要注意的是，董事会决议不是资本多数决，而是每人一票。董事会的议事方式和表决程序应在公司章程中明确，否则可能出现无据可依的情形，通常事项一般约定为过半数通过。

十、总经理职权

《公司法》第49条规定：“有限责任公司可以设经理，由董事会决定聘任或者解聘。经理对董事会负责，行使下列职权：（一）主持公司的生产经营管理工作，组织实施董事会决议；（二）组织实施公司年度经营计划和投资方案；（三）拟订公司内部管理机构设置方案；（四）拟订公司的基本管理制度；（五）制定公司的具体规章；（六）提请聘任或者解聘公司副经理、财务负责人；（七）决定聘任或者解聘除应由董事会决定聘任或者解聘以外的负责管理人员；（八）董事会授予的其他职权。公司章程对经理职权另有规定的，从其规定。经理列席董事会会议。”

股东会、董事会、总经理形成现代公司经营决策的三个层次，总经理负责具体执行股东会和董事会的经营战略和方案。“公司章程对经理职权另有规定的，从其规定。”与股东会、董事会“公司章程规定的其他职权”在表述上有所差别。可以看出，对于经理的职权，可以约定的程度更大，约定的内容可以优先于本条列举的内容。根据股东的需要和目的，可以在董事会、董事长、总经理之间分配职权。

随着所有权与经营权分离的观念深入人心，职业经理人阶层逐渐兴起，并成为新兴的精英阶层。职业经理人往往受过良好的教育，履历光鲜，个人能力出众。职业经理人的权力越来越大，甚至出现了总经理掌握公司实际控制权，凌驾于股东会和董事会之上的现象。职业经理人与投资人联合，让创始股东出局的商业案例屡见不鲜。因此，对于总经理的职权，需要在公司章程中进行授权与约束。规模较大的公司，还需要制定总经理工作制度。

十一、监事会职工代表比例、监事会（监事）职权，监事会的议事方式和表决程序

《公司法》第51条规定："有限责任公司设监事会，其成员不得少于三人。股东人数较少或者规模较小的有限责任公司，可以设一至二名监事，不设监事会。监事会应当包括股东代表和适当比例的公司职工代表，其中职工代表的比例不得低于三分之一，具体比例由公司章程规定。监事会中的职工代表由公司职工通过职工代表大会、职工大会或者其他形式民主选举产生。监事会设主席一人，由全体监事过半数选举产生。监事会主席召集和主持监事会会议；监事会主席不能履行职务或者不履行职务的，由半数以上监事共同推举一名监事召集和主持监事会会议。董事、高级管理人员不得兼任监事。"

《公司法》第53条规定："监事会、不设监事会的公司的监事行使下列职权：（一）检查公司财务；（二）对董事、高级管理人员执行公司职务的行为进行监督，对违反法律、行政法规、公司章程或者股东会决议的董事、高级管理人员提出罢免的建议；（三）当董事、高级管理人员的行为损害公司的利益时，要求董事、高级管理人员予以纠正；（四）提议召开临时股东会会议，在董事会不履行本法规定的召集和主持股东会会议职责时召集和主持股东会会议；（五）向股东会会议提出提案；（六）依照本法第一百五十一条的规定，对董事、高级管理人员提起诉讼；（七）公司章程规定的其他职权。"

《公司法》第55条规定："监事会每年度至少召开一次会议，监事可以提议召开临时监事会会议。监事会的议事方式和表决程序，除本法有规定的外，由公司章程规定。监事会决议应当经半数以上监事通过。监事会应当对所议事项的决定作成会议记录，出席会议的监事应当在会议记录上签名。"

《公司法》第117条规定："股份有限公司设监事会，其成员不得少于三人。监事会应当包括股东代表和适当比例的公司职工代表，其中职工代表的比例不得低于三分之一，具体比例由公司章程规定。监事会中的职工代表由公司职工通过职工代表大会、职工大会或者其他形式民主选举产生。监事会设主席一人，可以

设副主席。监事会主席和副主席由全体监事过半数选举产生。监事会主席召集和主持监事会会议；监事会主席不能履行职务或者不履行职务的，由监事会副主席召集和主持监事会会议；监事会副主席不能履行职务或者不履行职务的，由半数以上监事共同推举一名监事召集和主持监事会会议。董事、高级管理人员不得兼任监事。本法第五十三条关于有限责任公司监事任期的规定，适用于股份有限公司监事。”

《公司法》第119条规定：“监事会每六个月至少召开一次会议。监事可以提议召开临时监事会会议。监事会的议事方式和表决程序，除本法有规定的外，由公司章程规定。监事会决议应当经半数以上监事通过。监事会应当对所议事项的决定作成会议记录，出席会议的监事应当在会议记录上签名。”

现代公司治理架构，借鉴西方的理念，股东会、董事会和监事会三会分权、相互制衡。但现实中，监事会或监事的作用往往被低估，甚至成为“摆设”。

其实，监事会和监事拥有法律规定或章程约定的某些权利，是公司运作的重要监督机构，能够对公司控制权以及经营管理产生重要影响。例如，董事、高管或者其他人员侵害公司的利益时，监事会和监事在股东代表诉讼中具有重要作用。因此，监事会席位以及监事人选依然是应当注意的，监事会职权、议事方式和表决程序可以进行相关安排。对小股东而言，获得监事会席位或担任监事，对保护自身权利具有现实意义。

十二、股权转让

《公司法》第71条规定：“有限责任公司的股东之间可以相互转让其全部或者部分股权。股东向股东以外的人转让股权，应当经其他股东过半数同意。股东应就其股权转让事项书面通知其他股东征求同意，其他股东自接到书面通知之日起满三十日未答复的，视为同意转让。其他股东半数以上不同意转让的，不同意的股东应当购买该转让的股权；不购买的，视为同意转让。经股东同意转让的股权，在同等条件下，其他股东有优先购买权。两个以上股东主张行使优先购买权的，协商确定各自的购买比例；协商不成的，按照转让时各自的出资比例行使优先购买权。公司章程对股权转让另有规定的，从其规定。”

出于有限公司较封闭的人和性特点，《公司法》的立法者设计了一套有限公司股权转让的步骤流程。本条最后一句的存在，表明公司章程可以约定不同于前两款的内容。根据需要，股东可以约定简化的转让流程，也可以约定更为复杂的转让流程。

本条最后一句的现实意义在于，预留股东退出途径或者限制某些股东的退出，在某些情况下，这对于投资人的灵活退出或者留住技术人才具有实际意义。但是，在涉及相关条款时，一定要在法律许可的范围内，否则可能面临约定无效的风险。譬如，约定禁止转让股权，往往会被认为限制了股东的天然权利、违反法律规定而最终导致约定无效。

十三、股东资格继承

《公司法》第75条规定：“自然人股东死亡后，其合法继承人可以继承股东资格；但是，公司章程另有规定的除外。”

根据本条，如果章程不加约定，股东突然死亡的，其继承人是可以继承股东资格的。

继承一般是指对财产的继承，法律上对身份的继承只有少数的几种特殊情况。有限责任公司的人合性特征明显，股东间的相互了解与信任是合作的基础。如果股东意外死亡，由其继承人来继承股东资格，可能会因为股东经营理念不同而出现矛盾，甚至陷入公司僵局。

为避免类似情况出现，可以在公司章程中做出类似约定：“股东去世的，股东资格不得继承；其股权由其他股东收购或者减资，并将对应的财产返还其合法继承人。”当然，还可以根据情况进行细化，根据各方意愿约定具体的作价和转让方式。如果是家族企业，可以约定由家族内部人士继承。

股权不同于其他财产，除了分红和增值这样的财产性权利，还有其他与身份密切相关的管理性权利。家族企业的股权传承问题是非常重要的，股东的离婚财产分割和继承问题如果处理不好，将动摇一家企业的根本。通过公司章程的自由约定，可以对股东离婚和死亡情况下新股东身份的取得作出详细安排。

十四、股东大会累积投票制

《公司法》第105条规定：“股东大会选举董事、监事，可以依照公司章程的规定或者股东大会的决议，实行累积投票制。本法所称累积投票制，是指股东大会选举董事或者监事时，每一股份拥有与应选董事或者监事人数相同的表决权，股东拥有的表决权可以集中使用。”

累积投票制使用的前提必须是章程有所规定，章程没有规定则不能使用。累积投票制使用的场合只能是股份公司股东大会选举董事和监事。

股份公司，特别是公众公司，经常有股东众多、股份分散的情况，大股东的控制力被削弱。这种情况下，在公司治理结构中，董事会、监事会处于关键的位置，能否选出代表自己意志的人进入董事会和监事会，就显得非常重要。创设累积投票制的目的，是让小股东的投票权可以集中行使，以保证他们的利益。

例如，某公司需要选举7名董事，甲股东有100万股股份，在普通情况下，这100万股股份只有100万个表决权；引入累积投票制后，这100万股就拥有了700万个表决权，甲可以将表决权集中行使。

十五、公司解散事由

《公司法》第180条规定：“公司因下列原因解散：（一）公司章程规定的营业期限届满或者公司章程规定的其他解散事由出现；（二）股东会或者股东大会决议解散；（三）因公司合并或者分立需要解散；（四）依法被吊销营业执照、责令关闭或者被撤销；（五）人民法院依照本法第一百八十二条的规定予以解散。”

公司解散主要由内因和外因两种原因造成，内因如股东会决议解散，股东提起解散之诉讼，外因如依法被吊销营业执照、责令关闭或者被撤销。当股东出现利益之争，在公司控制权上处于劣势的小股东往往希望通过解散公司结束被动局面。

根据本条第1项，公司章程可以约定解散事项，考虑到公司经营的稳定性需要，这种约定应当谨慎。

十六、股东知情权

《最高人民法院关于适用〈中华人民共和国公司法〉若干问题的规定（四）》第8条规定：“有限责任公司有证据证明股东存在下列情形之一的，人民法院应当认定股东有公司法第三十三条第二款规定的‘不正当目的’：（一）股东自营或者为他人经营与公司主营业务有实质性竞争关系业务的，但公司章程另有规定或者全体股东另有约定的除外；（二）股东为了向他人通报有关信息查阅公司会计账簿，可能损害公司合法利益的；（三）股东在向公司提出查阅请求之日前的三年内，曾通过查阅公司会计账簿，向他人通报有关信息损害公司合法利益的；（四）股东有不正当目的的其他情形。”

知情权是股东的重要权利，《公司法》第33条和第97条规定了股东的知情权，依据《最高人民法院关于适用〈中华人民共和国公司法〉若干问题的规定（四）》，公司章程可以对股东知情权进行规定。公司章程可以将“股东自营或者为他人经营与公司主营业务有实质性竞争关系业务”从“不正当目的”中剔除。

根据《最高人民法院关于适用〈中华人民共和国公司法〉若干问题的规定（四）》第7条的规定，股东依据《公司法》第33条、第97条或者公司章程的规定，起诉请求查阅或者复制公司特定文件材料的，人民法院应当依法予以受理。

十七、利润分配时间

《最高人民法院关于适用〈中华人民共和国公司法〉若干问题的规定（五）》第4条规定：“分配利润的股东会或者股东大会决议作出后，公司应当在决议载明的时间内完成利润分配。决议没有载明时间的，以公司章程规定的为准。决议、章程中均未规定时间或者时间超过一年的，公司应当自决议作出之日起一年内完成利润分配。决议中载明的利润分配完成时间超过公司章程规定时间的，股东可以依据公司法第二十二条第二款规定请求人民法院撤销决议中关于该时间的规定。”

根据以上规定，公司章程可以规定作出分配利润的股东会或者股东大会后多少时间内完成利润分配。

上述是就《公司法》及相关司法解释对章程自治进行规定的分析，理论上公司章程可以自由约定的事项不限于此。在法律、法规以及规范性文件的框架内，公司章程可以就其他公司自治事项进行规定。

第三章　股权激励

时间来到1997年年末，这一年改革开放的总设计师邓小平同志与世长辞，“漂泊”多年的香港回归祖国。

小蒋于20世纪90年代初毕业于国内某著名理工科高校，曾在深圳某外资企业担任机械工程师，是目前公司的技术总监。考虑到公司处于初创阶段，资金实力薄弱，缺乏吸引力，公司又急需相关技术人才、管理人才以及销售人才，小蒋和小秦、小陶商量着在公司实施股权激励计划。

最终，公司制定了股权激励计划，经董事会考核通过的核心员工以较低价格授予激励对象公司股权，享受公司分红和股权增值。

第一节　正确认识股权激励

雇佣关系是资本主义发展的重要基础，资本家依靠劳动者的劳动，获得剩余价值，积聚了大量财富。到了20世纪，资本主义各种矛盾凸显，资本主义国家开始在各领域寻求改良。福利国家、股权激励都是为适应这种需求而出现的新型制度。

股权激励是通过各种方式让企业经营者持有公司一定的股权或股份，从而分享公司成长带来的收益，促使他们勤勉尽责的为企业发展服务的一种长效激励机制。

纵观星空浩瀚的人类发展历史，在漫长的历史长河中，国之兴亡，事之成败，其核心要素在于人，人类智慧的光辉，造就了目光所及之处所有的繁荣。每当黑夜降临，夜空中总会出现耀眼的那颗星，引领我们走向光明。历史上的很多变革，都源于人们内心的呼唤，即我是谁？我从哪里来？到哪里去？我到底为谁而干？进入知识经济时代，人力资本成为企业竞争力的核心要素。

20 世纪 30 年代，美国学者提出“所有权与控制权相分离”的理论。职业经理人阶层渐渐兴起，并且经理人在公司中的权力越来越大。为了防范现代企业中职业经理人的道德风险，降低代理成本，使企业管理层与股东长远利益趋于一致，股权激励得到发展。随着中国改革开放取得成就，众多中国企业开始实施股权激励，不仅上市公司需要股权激励，初创型、研发型中小企业也迫切需要借助股权激励优化薪酬结构、吸引和留住人才。清华大学教授马永斌认为：“股权激励是公司治理机制中最重要的环节和内容，也是公司治理制度在中国上市和非上市公司中应用最多的内容。”①

股权激励解决了传统薪酬模式中用工的矛盾，使员工获得归属感，一定程度上成为企业的所有者，找到实现自我价值的途径。初创企业通过股权激励可以降低财务成本，通过“工资 + 股权”的模式，可以很大程度上解决员工频繁跳槽的难题，增加员工的忠诚度，极大增加工作的自发性、主动性和积极性，实现留住人才和激励人才的目的。

股权激励是人类分配制度的一次创新，是知识经济时代对传统用工关系的一次改良。股权激励的出现体现了员工自我意识的觉醒，顺应了人性深处的需求，充分肯定了人的创造力在物资资料生产中的价值。许多知名企业登陆资本市场后，一夜之间产生大量超级富翁，许多出身普通而有一技之长的人从此改变了命运。股权激励改变了以往劳动者只能拿“死工资”的局面，让他们一定程度上成为公司的主人，能够分享资本增值带来的喜悦。这有利于重塑尊重知识、尊重人才的社会价值观，实现“知识改变命运”的理想。

对于研发费用支出巨大的科技型、创新型企业，股权激励的作用尤为重要。对于高级技术人才、管理人才、营销人才等对企业发展价值巨大的人才，为减轻

---

① 马永斌：《公司治理之道：控制权争夺与股权激励》，清华大学出版社 2018 年版，第 411 页。

公司创业初期的现金流压力，可以采取“工资+股权”的报酬模式。从以往的案例中我们可以看到，有很多知名企业的员工，如阿里巴巴、小米的员工，在企业上市时，因为之前享受了股权激励，一夜之间成了千万富翁、亿万富翁。

股权激励的本质不是赠与，而是交易。要享受股权激励，就要先具备股权激励的资格。这个世界上没有无缘无故的爱，要成为激励对象，你必须是对企业有用的人才。通常，企业在实施股权激励前，会确定激励对象的选择条件。例如，在公司工作满多少年，具备某种职业技能，在某岗位上取得突出成绩，认同企业文化和价值观等。即使成为股权激励对象，如果在接下来的工作中，不能完成原定工作目标，或者中途离职的，往往也不能达成行权条件。

企业家要让员工明白，股权激励绝不是“白拿股权”。股权是一家企业的基石，创始人通过真金白银的出资，然后经过艰苦卓绝的努力才形成现在的局面。没有同甘共苦的经历，就不可能共享成果。世间，所有美好的事物，都要通过自己的双手去创造。

“三十岁前跟对人，三十岁后做对事。”当你选择了一个好的行业，选择了一家前景很好的创业公司，创始股东具有领导力和领导格局。那么你就应该静下心来，好好学习和工作，做一个自律的人，通过自己的才华和努力，获得领导和客户的认可。那么，当股权激励的机会来临，管理层自然会想到你。

从相反的角度考虑，企业家在实施股权激励前，也应当思考一些问题。我的企业是否适合实施股权激励？实施股权激励的时机在何时？哪些员工值得给予股权激励？

企业家应当明白，一个人走得快，一群人才能走得远。一群风华正茂、青春洋溢的年轻人，选择来到你这里，就是对你和你公司的认可。他们付出了青春和汗水，绝不是来玩的，他们渴望在你这个平台得到认可，实现人生抱负和理想。如果企业主只是抱着寻找廉价劳动力的思维，那么聪明的人才绝不会长久地在公司待下去，企业也就很难做大。

细心的人会发现，容易跳槽的那些人，往往不是平庸者，恰恰是人群中的优秀者。因为他们知道自己要什么，知道自己处于一个什么位置，知道眼前的这个平台不能实现自己的人生理想。

所以，对于创新型企业，对于想走得长远的企业，企业家不应当吝啬自己的股权。“舍得，舍得，有舍才有得。”对于长期在公司工作，忠诚度高，具有职业技能，对公司做出过杰出贡献的员工，应当慷慨对之。正所谓，财散人聚，财聚人散。现在的职场白领，每个人心里都有一杆秤，有时候，员工不说，不代表他心里不明白。如果有一天一个在公司工作很多年的老员工，突然向你提交了辞职报告，我想，这种情景是悲凉的，企业老板应当好好反思一下。

作为员工，你应该明白，企业会用你，就是因为你可以为企业创造价值。作为老板，也应该明白，员工愿意跟你，是因为你给他们支付报酬，为他们提供了发展的平台。当这两种需求达到一种平衡时，劳动关系才会和谐。当员工的能力越来越强，而报酬、奖励以及发展停滞不前时，他就会带着负面情绪工作，当这种不平衡进一步加剧，他就会离职。同样，如果员工为企业创造的价值达不到企业主的预期，那么企业就会想办法增加他的工作量，甚至想开除这位员工。

当然，这个世界除了利益还是有真情的。一起出生入死、患难与共的创业伙伴、同事、上级和下属，都会在岁月的流逝中培养出一种情感。这种情感是可以超越利益的。形成这种情感纽带的前提是相互认同，相互尊重。

在实施股权激励时，激励对象会以优惠的价格获得公司股权。相对于以净资产计算的公允价值或者投资机构的融资价格，这个价格往往要低得多。因此，在上市时，要按照股份支付进行会计处理。所以，被激励的员工，应当怀有一颗感恩之心，明白企业家的良苦用心。从相反角度考虑，股权激励不能空谈股权，不能是空头支票。企业家要让员工愿意花钱，购买你的股权，愿意长久地在企业工作，就要让员工看到未来，看到你的决心和胸怀。

综上，股权激励是企业家对员工的认可和尊重，是一种具有格局和胸怀的分享行为。作为员工，应当知道享受收益之前必须要为之付出努力，当你的才华和努力足以撑起你的理想时，一切都是水到渠成的事情。作为企业家，也应当懂得尊重人才，及时分享成长收益。

只有这样，股权激励的理想效果才能实现，企业持续发展，股东收益丰厚，员工生活富足，充满活力，认同企业文化，获得归属感和成就感。

然而，股权激励也是一把双刃剑。股权的变动涉及一家企业的根本，如果操作不好，会伤筋动骨，对公司发展带来不可挽回的损失。选择往往比努力更重要，方向错了，永远到不了终点。实施股权激励之前，应当充分评估必要性和实施的时机。对于垄断行业，或者人才要素作用不明显的企业，是不适合实施股权激励的。对于处于成熟期和衰退期的企业，也不适合进行股权激励。综合来看，对于处于初创和发展期的技术型、创新型、研发型企业，处于充分市场竞争环境的企业，更适合实施股权激励。

因此，对于股权激励切不可人云亦云，盲目跟风。充分评估企业所处的行业和阶段，找出适合自己的股权激励模式才是明智之举。

第二节　如何实施股权激励

一、股权激励的总体原则

股权激励是公司的人力资本战略，要服从于公司的总体战略和业务发展需要。股权激励的首要目的是促进公司业绩增长，然后是吸引和留住人才，形成尊重人才、分享企业成长收益的企业文化。股权激励应当区分不同对象进行，兼顾激励与约束。

股权激励的对象，是对公司发展具有重要价值的关键人才。一般情况下，初创期给予合伙人真实股权；生存期和发展期给予中高层管理人员、核心技术人员、核心业务人员股权期权、限制性股权；成熟期对更大范围的员工可以进行虚拟股权激励。

一般情况下，用作股权激励的股权占 10% 到 30% 为适宜，上市公司不超过 10% 。激励股权的来源通过前期预留、转让、增发、回购等方法解决。

给予激励对象的股权，应当要求员工通过现金购买。这样才能让他们知道股权是有价值的，不能无缘无故地赠送。价格可以低于净资产价格或者最近一期融资价格，但对于拟挂牌或上市企业和已挂牌或上市企业，要注意股份支付对公司当期利润的影响。

股权激励的整个流程是，前期通过财务分析、调查问卷、人物访谈、答疑解惑进行摸底与沟通工作；然后制定适合公司的股权激励方案，方案经董事会、股东会决议通过，签订相关协议，进行股权登记；最后建立考核管理部门，跟踪管理。

股权激励的难点是考核管理，制定一套科学、公正的考核体系是比较有难度的。考核的内容应当兼顾公司层面和个人层面，条件可以是业绩指标，也可以是实现某种阶段性目标。薪酬与考核委员会应当对不同人员设置相应考核指标，科学配比各指标的权重系数。

股权激励的主体是股权激励模式，股权激励模式的制定，决定了股权激励的走向，决定了股权激励是否能够发挥出理想的效果。

二、股权激励的模式

目前，在股权激励领域，仅对上市公司有一些法规的规定。因此股权激励的模式制定其实具有非常大的自由空间，只要不违反法律、法规的基本规定，设计者可以天马行空，设计出不同寻常的模式。

制度创新是社会进步的根本动力，伟大的制度在诞生之初，往往石破天惊、惊世骇俗。在各国企业股权激励的长期实践中，形成了一些基本的模式形态，以下对这些基本模式进行分析。方案设计者可以从中获得启发，加以组合重构，制定出适合自己的、全新的、具有创造性的模式。

对于股权，在有限公司叫作股权，在股份公司叫作股份，股份公司中的上市公司以股票作为股份凭证，为行文方便，以下部分内容对此不加区分。

（一）限制性股票

限制性股票是指授予激励对象某些权利受到限制的本公司股票，当员工服务满一定年限或者业绩考核合格时，可以解除限制。限制性股票在锁定期内不得转让、用于担保或者偿还债务。

限制性股票是真实的股票，这种股票是进行登记的，相对于其他激励模式，取得股份的时间前置，激励对象的参与感和安全感较高。只是这种股票的某些权利受到限制，这种限制一般是分红权以外的其他权利，如转让的权利，用于股票质押的权利。授予价格一般低于净资产价格或者二级市场股票价格，但不低于公允价格的 50%。所以，限制性股票是股权激励模式中最接近实股的一种模式，受到被激励对象认可程度较高。

限制性股票是目前我国上市公司采用的最主流的一种股权激励模式。限制性股票的授予价格可以优惠到公允价格的 50%，被激励对象可以看到实实在在的优惠。同时，被激励对象当期真实出资，资金留在企业，有较长的锁定期，会关注公司的长期发展，而不会轻易离职。另外，限制性股票不会像期权那样，受到证券市场波动影响，今后出现价格倒挂而无法行权的风险。《上市公司股权激励管理办法》对限制性股票的定价、限售期、行权条件等有严格要求，非上市公司实施限制性股权则要自由得多。

限制性股票的问题在于业绩目标和授予价格需要科学的方法进行确定，企业面临的现金流压力较大，如果目标制定不合理，会产生目标偏离，只关心短期目标，忽视长期发展方向。总体而言，限制性股票的股权激励模式较适合初创期的公司、转型期的公司和上市公司。企业可以将限制性股权用作主要模式，也可以与其他模式混合使用，通过较长的服务期留住核心员工和业务骨干。

实施限制性股票激励模式，股票来源主要通过股票发行解决，非上市公司也可以采用转让的方式。留住人才，让他们有一个较长的服务年限是限制性股票的一个重要目标，实施周期以 3 年到 5 年为宜，时间太短达不到留住人才的目的，也容易引起短期行为；时间过长不确定性增大，如果经营计划发生变化，行权条件与发展要求会不匹配。

锁定期可以采用分批解锁，如周期 4 年，每年解锁 25%；或者第一年解锁 10%，第二年解锁 30%，第三年解锁 60%，第四年全部解锁的类似安排。激励对象辞职离开公司或者因严重违法、违规行为被解除职务的，限制性股票作废，按照原价回购。因其他非主观过错被动离职的，可以按照原价加上利息回购。

【案例】

某科技型创业公司限制性股票股权激励计划

某半导体行业科技型创业公司上一年度扣除非经营性损益后净利润 900 万元，当期股份公允价格为 7.5 元/股。

公司为留住优秀管理人员及核心技术人员、骨干业务人员，激发他们的创造性，激励他们长期努力工作，同时补充公司流动资金，决定以4元/股的价格，针对公司30名优秀管理人员及核心技术人员、骨干业务人员发行300万股限制性股票，涉及的股份数量占公司总股本的4.8%，锁定期4年，每年解锁25%，锁定期满后激励对象可以解锁，也可以选择由公司回购。

考核条件：以后4个会计年度，扣非后净利润分别不低于1000万元、1300万元、2000万元、3500万元。

（二）股票期权

上市公司称为股票期权，有限公司称为股权期权，此处表述不作区分。

股票期权是指，公司赋予激励对象购买本公司股票的选择权，拥有这种选择权的人，可以在规定的时期内以事先确定的价格购买公司一定数量的股票。股票期权是一种常见的股权激励模式，适合上市公司，也适合处于初创期和成长期的公司。

"期权"是一种期待的权利，一定期间过后的权利，而不是现实的股权。此处"期"的含义与"期房""期货"中的"期"相似。也就是说，获得期权的人尚未成为真正的股东，只有在他行权之后，才能获得股权。股票期权本身不可转让、质押或者偿还债务。所以，期权就是一种获得权利的权利。

股票期权具有风险与收益并存的特点。在期权授予日，激励对象不能行权，激励对象持有股票期权一定时间后才能行使权利。激励对象获得行权权利的日期为行权的授予日，行权的授予日与行权日之间的期间为等待期，行权日与股票期权到期日之间的期间为行权期。股票期权在授予时需要约定期权的行权价格、执行时间、所能购买的数量等关键要素。在股票期权的行权期内，如果公司股票的市场价格高于约定的行权价格，激励对象就会行使期权，按当初约定的价格买进公司股票，再按照市场价格卖出，卖出价与买入价之间的差额成为激励对象的收益。如果当时公司股票的市场价格低于当初约定的价格，被激励对象可以选择放弃行权。

股票期权能够成为世界范围内一种主流的股权激励模式，得益于其诸多优点：第一，股票期权财务成本较低，可以将公司的成长和员工的长期努力绑定，实现一种共赢的激励效果。第二，股票期权是一种延期支付方法，以公司股权未来业绩提升或者上市形成增值为预期，这是一个长期的过程，能够使得管理人才、技术人才、销售人才等激励对象长期为公司勤勉工作。第三，股票期权是一种权利，激励对象可以自由决定是否行权和行权的比例。第四，行权价格事先锁定，使得激励对象可以专心于工作而不用时常关注股价波动。第五，实施股票期权激励计划，可以提高上市公司股票活跃度。

股票期权的缺点在于，对于上市公司而言，激励效果依赖证券市场的有效性。在美国等成熟市场国家，股票期权能够发挥预期效果。但我国证券市场建立时间短，尚不健全，受政策影响明显，股价表现与公司业绩相关性弱。这使得股票期权的激励效果减弱。另外，对于成熟期和衰退期的企业，股权增值预期不明显，采用股票期权难以达到激励效果。

总体而言，股票期权这种股权激励模式具有广泛的适用场景，实施成本不高，上市公司和非上市公司都可以采用。股票期权特别适合处于初创期和发展期的高新技术行业，如互联网、生物制药、高端设备制造、电子、通信等行业的企业。这些企业所处的行业竞争激烈、对人力资本的要求高，企业成长性好，企业初始资本投入较少、但资本增值速度较快。

在这样的企业实施股票期权激励计划，企业可以采用“股权＋工资”的方式降低现金流压力，公司发展潜力巨大，能给激励对象一个强烈的预期，使其长期勤勉忠诚地为公司工作。

【案例】

某公司股权期权激励计划

某人工智能公司成立仅两年，一直专注研发新技术。公司前期研发经费投入巨大，急切需要吸引和留住高端技术人才。

为此，公司实施了股票期权激励计划。对于在公司工作满两年的研发人员，经董事会评定，可以选择“工资＋股票期权”的薪酬模式。20 名核心技术人才可以认购的股票期权数量和价格，根据其工作时间、工作贡献、工作难度、岗位等情况由董事会认定。

在股票期权授予日起 36 个月内，行权条件达成后 20 个工作日可以行权。行权条件为：（1）公司在人工智能领域某关键技术实现重大突破并经董事会认定；（2）公司财务指标达到境内 A 股或香港交易所要求。

（三）虚拟股权

虚拟股权是指公司授予激励对象一种虚拟的“股票”，激励对象可以根据所持有的虚拟股票享有一定的分红权利和股份升值收益。虚拟股权不是真实的股权，实质是一种模拟股票市场的薪酬制度，但其突破了传统薪酬制度的桎梏，将公司的成长与员工的贡献进行绑定，能够实现激励的效果。

虚拟股权持有者不享有公司的真正所有权，不能行使提案、投票、表决、查账等真实的股东管理权利，但可以获得类似于真实股东的分红和资本增值权利。因此，进行虚拟股权激励，无须改变公司真实股权结构，原有股东的股权不会被稀释。而且无须进行工商登记，实施起来灵活便利。

虚拟股权激励计划具有高度灵活自主性，正所谓“兵无常势，水无常形。”不同的公司可以根据自身特点和需求，制定出各种各样具有创造力的激励模式。虚拟股权模式可以和其他股权激励模式结合使用，也可以制定满足一定条件后，由虚拟股权转为真实股权的模式。由于不改变公司的股权结构，虚拟股权可以大范围实施，惠及众多员工。在公司兑现虚拟股权持有人收益的时候，一般采用现金支付，但也可设计为支付等值的股权。采用虚拟股权激励计划，兑现时需要大量现金，因此对公司的现金流要求较高。

非上市公司没有流通股，实施虚拟股权计划，可以采用增资或转让的方式。例如，某有限公司注册资本为1000万元，净资产为2000万元，可以增加500万股虚拟股权，每股的价格为2元。500万股虚拟股权参与今后的分红和增值计算，今后计算分红和股权增值时，按照1500万股计算。或者在1000万股基础上，分出250万股的虚拟股权，将250万股的分红权和增值权益授予激励对象。

上市公司和非上市公司都可以实施虚拟股权计划，相比限制性股票和股票期权，上市公司实施虚拟股票计划受到的监管约束相对较少。虚拟股权计划在非上市公司中运用范围更广，自由度更高。现金流充裕，盈利能力强的公司更适合虚拟股权计划。虚拟股权模式可以和其他激励模式结合使用，也可以设计成可转化模式。

某科技公司是国内成功实施虚拟股权计划的代表企业。20世纪90年代，该公司开始实施大范围员工持股，依据员工的职位、绩效、任职资格等因素，对工作满一定年限的员工，提取税后利润的一部分作为分红。工资、奖金和股票分红共同构成薪酬体系。该公司在 20 世纪末迅速崛起。

后来，该公司又陆续推出新的虚拟股权计划，虚拟股权达到几十亿股，持股员工超过一半。随着企业的成熟，股权分配主要针对企业管理层和骨干，同时结构上保持动态合理性。能在未来实现增值和进行分红是股权激励能否成功实施的前提，该公司一直以来良好的业绩和可观的现金分红使得员工对公司充分信任，这让员工乐意掏钱购买公司虚拟股权。

股权激励不是一个孤立的制度，需要与科学的评估考核体系和企业文化、价值观建设结合才能实现更好的效果。该公司通过评估员工的品德、可持续性贡献、突出才能、工作年限等因素，建立起科学的评估考核体系，尊重员工个人发展偏好，建立透明公平的晋升通道，关心员工生活和工作，塑造起以客户为中心，以员工为本，追求创新，长期艰苦奋斗的企业文化。

【案例】

某公司虚拟股权激励计划

某创新型科技公司现金流充裕，盈利能力较强，为吸引和留住人才，公司将虚拟股权激励计划作为公司的长期人才战略。凡在公司工作满 2 年的员工，根据其工作年限、职务、级别、对公司的贡献、责任心等指标可以认购上限不同的虚拟股权，具体数量以董事会公布的方案为准，每期股权授予不同的员工采用相同的价格。

员工被授予虚拟股权后，公司向其发放虚拟股权证书，公司编制虚拟股东统计表，每年年度审计报告出来后 1 个月内，对持有虚拟股权的员工进行分红。员工离职时，由薪酬委员会核算其持有的虚拟股权价值，由公司激励基金现金回购。

经董事会审核，被认定为技术专家、业务精英和管理核心的人员，可以申请将虚拟股权转为真实股权，由董事会核定其可以认购的真实股权上限。薪酬委员会核算其虚拟股权现金价值并支付现金，注销虚拟股权，公司向其增发股权，员工认购新股，办理工商登记。

（四）直接持股与间接持股

对于创业公司而言，除了限制性股票、股票期权、虚拟股权等股权激励方式，还有员工持股计划、业绩股票、股票增值权、延期支付、激励基金等模式。除了上市公司应遵守的一些法律、法规和规范性文件的规定，理论上讲，股权激励有无数种方式。创业者可以大胆设计，灵活运用，排列组合，设计出一种适合自身长期战略规划和企业文化基因的股权激励模式。

除了以上几种股权激励模式，还有一个层面上的问题需要考虑的就是直接持股与间接持股的问题。

1. 直接持股

直接持股指授予激励对象股权，使其直接持有公司真实股权，成为法律意义上的公司股东，直接持股需要为激励对象办理工商登记。

股权作为一种资产，具有稀缺性。直接持股是最具有诚意的股权激励安排，体现了激励对象对企业的价值，也体现了控股股东的诚意。激励对象被登记为在册股东后，将和创始股东在同一层面上展开对话，成为真正意义上的创业合伙人。激励对象不仅可以享受公司分红和股权增值，也可以参与公司管理，行使股东决策权。

直接持股激励效果强，出售股权便利，税收成本较低。但是直接持股对大股东股权稀释严重，削弱控制权，股东人数众多会增加公司管理难度，降低决策效率。另外，容易出现高管解禁集体抛售公司股票的风险。

根据财政部、国家税务总局、证监会《关于个人转让上市公司限售股所得征收个人所得税有关问题的通知》（财税〔2009〕167 号）的规定，对个人转让限售股取得的所得，按照“财产转让所得”，适用 20% 的比例税率征收个人所得税。其中，应纳税所得额 = 限售股转让收入 -（股票原值 + 合理税费）。如果纳税人未能提供完整、真实的限售股原值凭证的，不能准确计算限售股原值的，主管税务机关一律按限售股转让收入的 15% 核定限售股原值及合理税费。

根据《个人所得税法》第 3 条第 5 款的规定，利息、股息、红利所得税率为百分之二十。根据财政部、国家税务总局、证监会《关于实施上市公司股息红利差别化个人所得税政策有关问题的通知》（财税〔2012〕85 号）的规定，个人从公开发行和转让市场取得的上市公司股票，持股期限在 1 个月以内（含 1 个月）的，其股息红利所得全额计入应纳税所得额；持股期限在 1 个月以上至 1 年（含 1 年）的，暂减按 50% 计入应纳税所得额；持股期限超过 1 年的，暂减按 25% 计入应纳税所得额。对个人持有的上市公司限售股，解禁后取得的股息红利，按照该通知规定计算纳税，持股时间自解禁日起计算；解禁前取得的股息红利继续暂减按50%计入应纳税所得额，适用20%的税率计征个人所得税。

自然人股权转让和股息红利所得，不需要缴纳增值税（原营业税）。个人转让股票，暂不征收增值税（原营业税）。

直接持股适合创始股东、合伙人、投资人以及个别对公司生产经营具有决定性影响力的人士。

目前，通过设立持股平台间接持股是一种较为常见的做法，在持股平台的选择上主要有公司和有限合伙企业。

2. 以有限公司作为持股平台

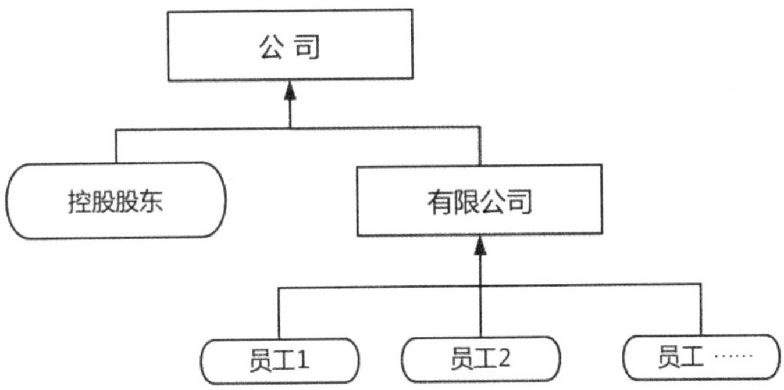

以有限公司作为持股平台的结构

通过有限公司持股是指，公司大股东和激励对象共同出资设立有限责任公司，由该有限责任公司认购公司股权或者受让大股东转让的股权，持股公司成为目标公司的股东，激励对象通过持股公司间接持有目标公司的股权。

有限公司持股模式下，大股东可以通过控制该持股公司，实现对激励对象表决权的控制，防止公司控制权的分散。《公司法》等法律法规对于公司运作有较为完善的规定，这使得该模式有相对成熟的法律法规规制，不确定风险较小。而且，通过有限公司持股，后期公司进行并购重组、组织架构调整也较为便捷。

通过有限公司持股主要存在控股门槛高、股权出售繁琐和高税负等缺点。

通过有限公司持股，创始股东要控制持股平台公司必须持有较大比例股权，这需要较多的出资款项。

有限公司股权转让需要履行《公司法》和公司章程规定的程序。如果不是直接变更持股公司股东，需要先通过持股平台公司决策出售目标公司股份，再由持股平台公司通过分红、回购或清算的方式将出售所得流入激励对象。在激励对象出售股权意愿不统一的情况下，需要持股平台公司实施定向减资，或者经集体决策对持股平台公司进行清算。

公司转让股权获得收益后，公司按25%的税率缴纳企业所得税，公司向自然人股东分红时，自然人股东按20%的税率缴纳个人所得税。因此，在不考虑税收优惠和税务筹划的前提下，综合税收成本为40%，成本较高。

根据《企业所得税法》第26条，符合条件的居民企业之间的股息、红利等权益性投资收益为免税收入。根据《企业所得税法实施条例》规定，《企业所得税法》第26条第2项所称符合条件的居民企业之间的股息、红利等权益性投资收益是指居民企业直接投资于其他居民企业取得的投资收益。因此，持股平台公司从目标公司取得分红时不需要缴纳企业所得税。持股平台公司分红时，自然人股东需要缴纳20%的个人所得税。

单位转让股权不需要缴纳原营业税和增值税，单位转让股票适用的增值税税率为6%或3%。

3. 以有限合伙企业作为持股平台

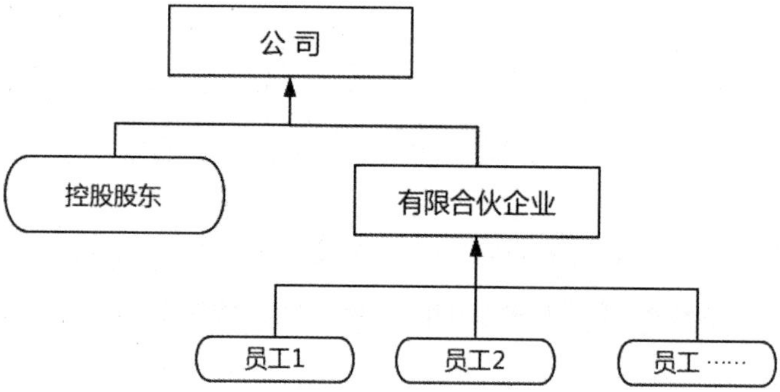

以有限合伙企业作为持股平台的结构

有限合伙企业起源于最初的两合公司，有限合伙企业的合伙人分为普通合伙人和有限合伙人，普通合伙人对合伙企业的债务承担无限连带责任，有限合伙人以出资为限对合伙企业的债务承担有限责任。有限合伙这一组织形式，能将资本和专业技术有效结合，成为私募基金的理想组织形式。在股权激励领域，有限合伙也成为间接持股情况下的一种常见选择。

以有限合伙企业作为持股平台是指，创始股东和激励对象签订合伙协议，成立有限合伙企业，创始股东担任普通合伙人，激励对象担任有限合伙人，合伙企业通过增资或转让成为目标公司股东，从而实现激励对象间接持有目标公司股权。

创始股东担任普通合伙人，通过合伙协议约定权利义务，创始股东以较少出资即可以实现对合伙企业的控制和管理。激励对象只需要出资和收益，而不需要关心合伙企业的管理事务。这样一来，公司的经营决策不受影响，能够保持高效决策。需要调整激励对象时，在合伙企业层面即可以解决，无须调整公司层面股权结构。

以有限合伙企业作为持股平台的一个重要优点是其相对较低的税负。

合伙企业不缴纳企业所得税，由合伙人缴纳个人所得税。根据《关于个人独资企业和合伙企业投资者征收个人所得税的规定》（财税〔2000〕91 号）第 4 条之规定："个人独资企业和合伙企业（以下简称企业）每一纳税年度的收入总额减除成本、费用以及损失后的余额，作为投资者个人的生产经营所得，比照个人所得税法的'个体工商户的生产经营所得'应税项目，适用 5%—35% 的五级超额累进税率，计算征收个人所得税。前款所称收入总额，是指企业从事生产经营以及与生产经营有关的活动所取得的各项收入，包括商品（产品）销售收入、营运收入、劳务服务收入、工程价款收入、财产出租或转让收入、利息收入、其他业务收入和营业外收入。"合伙企业转让股权时，自然人合伙人应当按 5% 至 35% 的超额累进税率征收个人所得税。

但实践中各地区做法不一，一些地区对股权投资类合伙企业自然人合伙人统一按 20% 的税率征收个人所得税。一些地区在合伙企业转让股权时，对不执行合伙事务的自然人合伙人按"财产转让所得"征收 20% 的个人所得税，对执行合伙事务的自然人普通合伙人，按照"个体工商户的生产经营所得"，适用 5% ~35% 的超额累进税率。目前，国家税务总局出台文件表明不认可地方政府出台的部分税收优惠政策，地方股权投资合伙企业的税收政策面临调整的风险。

根据《关于〈国家税务总局关于个人独资企业和合伙企业投资者征收个人

所得税的规定〉执行口径的通知》（国税函〔2001〕84 号），合伙企业对外投资分得的利息或者股息、红利，不并入合伙企业的收入，而应单独作为投资者个人取得的利息、股息、红利所得，按“利息、股息、红利所得”应税项目计算缴纳个人所得税。根据《个人所得税法》第 3 条第 5 款，利息、股息、红利所得税率为百分之二十。所以，通过合伙企业平台持股，自然人从公司取得的股息红利的个人所得税税率为 20%。

2018 年 12 月 12 日，国务院常务会议决定从 2019 年 1 月 1 日起，对依法备案的创投企业，可选择按单一投资基金核算，其个人合伙人从该基金取得的股权转让和股息红利所得，按 20% 税率缴纳个人所得税；或选择按创投企业年度所得整体核算，其个人合伙人从企业所得，按 5% 至 35% 超额累进税率计算个人所得税。①

合伙企业作为持股平台存在的问题：

根据《合伙企业法》第 2 条的规定，普通合伙人对合伙企业债务承担无限连带责任。因此，有创始股东担心担任普通合伙人存在承担无限连带责任的风险。理论上确实存在这种风险，但是由于合伙企业作为公司的股东，公司的股东本身承担有限责任，这样一来合伙企业本身的责任也是有限的。当然，前提是合伙企业不对外从事其他经营活动。实践中，也有通过再嵌套一层公司担任普通合伙人进行风险隔离的做法。

合伙企业无论是否分配利润，均需要在年末按各自分配比例分别确定每位合伙人的应纳税所得额，再按各自适用税率计算缴纳个人所得税。由此，合伙企业不能通过不分配利润来推迟所得税的缴纳时间。

相对于公司，合伙企业领域的法律、法规以及税收政策不够成熟，实际操作中存在不同理解和做法，未来面临政策调整的风险。

【案例】

某新能源汽车技术公司股权激励计划

创始股东担任普通合伙人出资 100 万元，董事会认定的 15 名核心技术人员

---

① 《今天的国务院常务会定了这 3 件大事》，载中国政府网，http：//www.gov.cn/guowuyuan/2018-12/12/content_5348234.htm，最后访问时间 2019 年 4 月 12 日。

出资800万元担任有限合伙人，设立有限合伙企业A。

创始股东担任普通合伙人出资100万元，董事会认定的12名销售骨干出资700万元担任有限合伙人，设立有限合伙企业B。

创始股东与激励对象签订合伙协议，约定合伙企业经营管理事务全部由普通合伙人负责，合伙协议对入伙、退伙等各方权利义务进行了明确约定。

公司增资1500万元，每股价格1元，由合伙企业A认购800万元，由合伙企业B认购700万元。

第三节 股权激励的管理与考核

股权激励不是空谈股权，必须要让员工看到未来，员工才会愿意购买股权。如果员工不看好公司前景，那么股权激励就没有意义。股权激励的管理与考核，决定了股权激励计划能否顺利实施，也决定了股权激励的预期效果能否实现。

股权激励方案制定后需要由董事会、薪酬委员会或者专门设置的工作小组负责管理与考核。股权激励的考核机制是股权激励的难点。考核是必要的，股权激励不仅仅是激励，还有约束，考核能够让优秀者获得更多，也能避免出现平庸之人“搭便车”的情况。建立一套科学、公平的考核机制是非常关键的。如果考核不够科学、公平，会让员工内心产生抱怨，这会严重减损股权激励的效果。

考核周期可以是一年，也可以是六个月或者一个季度。考核的层面既包括公司整体业绩，也包括员工个人表现。考核指标要有一定难度，但也不能不切实际。考核的指标根据不同激励对象而定，如销售额、收入增长率、净利润增长率等，或者是取得某项技术突破，实现特定目标。各指标之间的权重配比，需要董事会根据公司所处的阶段和发展战略决定。考核程序和结果应当公开、公正，公司应当为对考核结果持有异议的员工提供申诉途径，及时沟通，纠正错误，听取改善意见。

第四章　劳动用工

来到千禧年世纪之交，看着窗外绚丽的烟火，小秦、小蒋、小陶三人非常感慨，这些年他们吃了很多苦，经过摸爬滚打，终于让公司在行业里取得立足之地。

随着企业发展步入正轨，小秦的公司员工队伍逐步壮大，公司员工从最初的10人发展到如今的150人，企业用工风险逐渐显现。

小秦决定成立人力资源部门，专门进行劳动关系管理。小秦聘请了专业的HR担任人力资源部总监，并聘请律师为公司建立劳动关系管理制度。

第一节　劳动合同的订立

一、入职管理

由于认知过程的局限，一份简历和简短的面试有时不能让企业完全了解劳动者的真实情况。许多企业未重视入职管理，其实入职管理非常重要，在入职环节发现问题，比今后解除劳动合同的成本要低很多。

“劳动者在试用期被证明不符合录用条件”，是企业解除劳动合同经常使用的法定理由，运用该条的前提是要有明确的录用条件。在签订劳动合同之前，企业应当制定《录取条件确认书》，列明录用条件，并由劳动者签字确认。

录用条件的制定，应当合法、合理，可以适当结合本企业、本行业的特殊要求，常见的否定录用条件有：与其他用人单位仍存在劳动关系；与原用人单位存在竞业限制未到期；提供虚假身份证明、学历证明、资质证书、资格证明、工作经历的；曾经受过刑事处罚的；有吸毒、嫖娼、赌博等不良嗜好的；患有精神病、传染病、职业病、身体健康条件不符合工作岗位要求的；等等。

录用条件的制定应避免歧视性法律风险，如对员工健康状况的要求，除国家法律、行政法规和卫生行政管理部门规定禁止从事的工作外，不得将乙肝病毒血清学指标作为录用标准。

员工在劳动合同期内患病或者非因工负伤，特别是发生重大疾病，将大大增加企业的用工成本，想解除劳动合同也很困难。因此，企业应当重视入职体检流程，甄别劳动者的健康状况。为避免在体检阶段因歧视产生法律责任，可以适当将体检程序提前。此外，招用拟从事职业病危害岗位的员工，还应核实其是否存在职业病禁忌。

入职审核，除关注应聘者的教育背景、工作经历等信息的真实性外，还应当核查应聘者的离职证明，核查其是否存在竞业限制。根据《劳动合同法》第91条的规定，用人单位录用尚未与其他用人单位解除劳动合同的员工，给其他用人单位造成损失的，应当承担连带赔偿责任。如果员工有竞业限制协议在身，原工作单位可要求其离职，录用这类员工会给企业生产经营带来麻烦。

人才是企业发展的重要资源，随着企业之间竞争的加剧，一些劳动者寻找到意向跳槽单位后会要求新单位出具录用通知书、薪酬待遇确认函之类的文件。该类函件对企业具有约束力，如果之后的劳动合同与之冲突，劳动者可以追究用人单位的责任。因此，企业应当谨慎出具该类函件。函件应当载明文件生效的前提条件，注明有效期，并写明具体内容以劳动合同为准。

二、书面合同

劳动关系建立从用工之日开始，企业应当自用工之日起一个月内与劳动者签订书面劳动合同。在非全日制用工的情形下，双方订立口头协议的，可以不订立书面劳动合同。

《劳动合同法》第82条规定："用人单位自用工之日起超过一个月不满一年未与劳动者订立书面劳动合同的，应当向劳动者每月支付二倍的工资。用人单位违反本法规定不与劳动者订立无固定期限劳动合同的，自应当订立无固定期限劳动合同之日起向劳动者每月支付二倍的工资。"

用人单位不签订书面劳动合同，劳动者可以主张最多11个月的双倍工资。劳动合同可以约定服务期、保守商业秘密、竞业限制等条款来保障用人单位的权利，如劳动者违反约定侵害企业的权利，企业可追究劳动者的责任。所以，不签订书面劳动合同，用人单位自身的某些权利也难以保护。

【案例】

劳动者诉A公司支付二倍工资案

在中国东部地区某经济发达县级市K市，王某与A公司签订了一份书面劳动合同，约定合同期限为2014年1月1日至2015年12月31日，王某实际从2014年1月1日工作到2017年4月30日。2015年12月31日劳动合同到期后，A公司没有与王某续签书面劳动合同，工资正常发放，社保正常缴纳。2017年5月，王某提起劳动仲裁，要求A公司支付自2016年2月1日起11个月的双倍工资差额。庭审中，用人单位主张已经续签书面劳动合同，但合同丢失。K市劳动仲裁委员会认为用人单位已在劳动部门办理电子续用备案，劳动者的权利未受到侵害，驳回了王某的请求。后王某向K市法院提起诉讼……

目前，这种案件在各地法院有不同的判决。我们认为，电子社保备案表不是合同，没有原告的签字，是被告工作人员办理社保登记时单方操作的结果，不能证明双方已经签订书面劳动合同。用人单位主张合同丢失，没有依据，用人单位主张双方已经续签书面劳动合同，应当拿出合同，否则应当承担举证不能的不利后果。

《劳动法》和《劳动合同法》明确规定劳动合同应当以书面合同书的形式订立，目的是明确双方的权利义务，如果依据电子备案表推定双方已经签订书面劳动合同，今后所有公司都可以不续签劳动合同。劳动合同应当包含劳动保护、劳动条件、工作内容和工作地点等内容，不能认为用人单位支付了工资、缴纳了社保劳动者的权益就没有受到侵害。没有书面合同对相关权利义务进行明确，一旦发生纠纷，劳动者难以维护自身权益，这是立法的初衷。

从文义解释看，《劳动合同法》《劳动合同法实施条例》均明确规定本案情形下应当支持二倍工资请求。我国是成文法国家，在现行法律法规有明确规定的情况下应当按照法律法规的规定作出判决，不能随意突破法律法规的规定。否则法律规范得不到遵守，立法目的得不到实现，一次错误的判决带来的影响远比一次违法行为更为恶劣。整个社会法治的进步，需要法律人在每一个个案中付出努力。

因此，企业应当要求人事部门建立完善的劳动合同管理制度，及时与员工续签劳动合同。

三、劳动合同的核心内容

（一）合同期限

劳动合同分为固定期限劳动合同、无固定期限劳动合同和以完成一定工作任务为期限的劳动合同。无固定期限劳动合同，是指用人单位与劳动者约定无确定终止时间的劳动合同。

有下列情形之一，劳动者提出或者同意续订、订立劳动合同的，除劳动者提出订立固定期限劳动合同外，应当订立无固定期限劳动合同：（1）劳动者在该用人单位连续工作满十年的；（2）用人单位初次实行劳动合同制度或者国有企业改制重新订立劳动合同时，劳动者在该用人单位连续工作满十年且距法定退休年龄不足十年的；（3）连续订立二次固定期限劳动合同，且劳动者没有《劳动合同法》第39条和第40条第1项、第2项规定的情形，续订劳动合同的。用人单位自用工之日起满一年不与劳动者订立书面劳动合同的，视为用人单位与劳动者已订立无固定期限劳动合同。

根据《劳动合同法》规定，连续签订两次固定期限劳动合同后，除劳动者提出签订固定期限劳动合同外，用人单位必须签订无固定期限劳动合同。

实践中，有些企业倾向采取一年一签的做法，这样将面临第三年必须签订无固定期限劳动合同的问题。其实，无固定期限劳动合同没有那么可怕，无固定期限劳动合同满足特定条件依然可以解除。企业应当根据不同岗位、不同员工的特点，确定不同的劳动合同期限。保持相对稳定与合理流动的平衡。一般情况下，普通员工，签订三年的固定期限劳动合同是可以的，六个月的试用期可以看出一个员工是否适合当前的工作。

对于一些特殊情况，可以适当运用连续两次签订以完成一定工作任务为期限的劳动合同，或一次签订固定期限劳动合同，另一次签订以完成一定工作任务为期限的劳动合同的方法。在第二次固定期限劳动合同届满前，书面告知员工其有权订立无固定期限劳动合同，并听取其订立哪种类型的劳动合同的意见，如员工要求订立固定期限劳动合同，企业应保存该书面证据。另外，在临时性、辅助性、替代性岗位上可以适当使用劳务派遣员工。

（二）工作岗位与工作地点

根据《劳动法》和《劳动合同法》的规定，企业在签订劳动合同时，应当如实告知劳动者工作内容，并在劳动合同中体现。

为增加企业今后的用工自主权，工作岗位的约定可以适当放宽，如对总经理秘书的工作可以约定为行政工作，对机械工程师的工作可以约定为技术工作，对焊工的工作可以约定为生产工作等。对于重要岗位，应当约定工作职责和岗位要求，这样对于不能胜任该岗位的人员，公司拥有更多自主权。

实践中，由于企业调整劳动者工作岗位引发劳动纠纷的情况大量存在。根据规定，出现以下情况，企业可以对劳动者进行调岗：

1. 根据《劳动合同法》第35条，用人单位与劳动者协商一致，变更劳动合同；

2. 根据《劳动合同法》第40条第1项，劳动者患病或者非因工负伤，在规定的医疗期满后不能从事原工作；

3. 根据《劳动合同法》第40条第2项，劳动者不能胜任工作；

4. 根据《工伤保险条例》第36条，职工因工致残被鉴定为五级、六级伤残的，保留与用人单位的劳动关系，由用人单位安排适当工作；

5. 企业与涉密岗位职工在劳动合同中约定保守商业秘密有关事项的，可以约定在劳动合同终止前或该职工提出解除劳动合同后的一定时间内，调整其工作岗位。

企业调整劳动者工作岗位应当在法律规定的情形下进行。除了合法性要求，还应当满足合理性要求。调岗应当避免随意性，新岗位应与调整前的岗位存在一定关联性，并与劳动者的劳动能力、专业技能和经验相适用，调减薪酬幅度不宜过大。

为了应对将来可能发生的调岗，企业在劳动合同、规章制度等文件中，可以预留关于工作岗位变更的相关约定。例如，在劳动合同、规章制度中，可以规定，当发生某些情形时，企业可以调整劳动者的工作岗位，并列出可能调整到哪些岗位。

同样的道理，对于工作地点的约定也可以适当放宽，如公司所在地为某县级市，可以约定工作地点为该县级市所在的地级市。对于跨区域生产经营的企业，可以约定几个地区，也可以约定：工作地点为某地，根据工作需要，公司可以安排员工到省内的其他几个地区工作。需要注意的是，地点的约定也不能过于宽泛。

（三）工作时间

目前，我国企业执行的工时制度有标准工时制、综合计算工时制、不定时工时制三种。标准工时制度即普遍的5天、每天8小时，一周40小时的工时制度，也可以每周工作6天，只要每周不超过40小时。综合工时制是以一定期限为周期，综合计算工作时间。某一天可以超过8小时，但一周不能超过40小时，否则视为加班。不定时工时制度，是对一些特殊工作岗位，灵活安排工作时间，没有固定上下班时间的工时制度。

企业应当根据不同工作岗位的特点，匹配不同的工时制度，以此降低用工成本，对于综合计算工时制度和不定时工时制度，需要向劳动部门申请审批。

加班是指用人单位因生产经营需要，经与劳动者或工会协商后，在工作时间之外延长劳动者工作时间的行为。加班必须是用人单位安排的，劳动者自己延长工作时间不属于劳动法意义上的加班，因此公司应当建立加班审批流程。

一般情况下，加班每日不得超过 1 个小时，特殊情况下，在保障劳动者身体健康前提下每日不得超过 3 小时，但每月不得超过 36 小时。工作日的加班费不低于工资的 150%；休息日加班可以安排补休，不安排补休的加班费不低于工资的 200%；法定休假日加班费不低于工资的 300%。为避免纠纷，劳动合同应当约定加班费的计算基数。

（四）劳动工资

劳动法上的工资，指工资、奖金、津贴、补贴等收入的总和。对于工资的约定，有些企业倾向于在劳动合同上留空，有些企业倾向于将双方约定好的劳动报酬总额写进劳动合同。这两种做法的不足之处在于不能很好地体现工资构成，今后企业与劳动者计算加班费、病假工资、未休息年休假工资时，会抬高计算基数，企业调整奖金、福利时也会遇到困难。比较好的做法是，约定基本工资，奖金、津贴、补贴等按照公司薪酬考核结果实施。也可以签订薪酬协议，约定绩效工资的计算方法。

第二节　劳动合同的解除

劳动合同解除制度是劳动法律问题上一个重要的体系，涉及若干重要内容。劳动合同解除制度是《劳动合同法》中规定的核心制度，劳动合同解除纠纷是劳动纠纷中最常见的类型。

劳动合同的解除，包括双方协商解除、劳动者单方解除和用人单位单方解除三种。劳动者单方解除劳动合同包括预告解除和即时解除。用人单位单方解除劳动合同包括过错型辞退、非过错型辞退和经济性裁员。

一、双方协商解除与劳动者单方解除

《劳动合同法》第 36 条规定："用人单位与劳动者协商一致，可以解除劳动合同。”用人单位与劳动者协商一致，可以解除劳动合同。协议解除劳动合同，不受《劳动合同法》第42条约束。

劳动者提前三十日以书面形式通知用人单位，在试用期内提前三日通知用人单位，可以解除劳动合同。

《劳动合同法》第38条规定：“用人单位有下列情形之一的，劳动者可以解除劳动合同：（一）未按照劳动合同约定提供劳动保护或者劳动条件的；（二）未及时足额支付劳动报酬的；（三）未依法为劳动者缴纳社会保险费的；（四）用人单位的规章制度违反法律、法规的规定，损害劳动者权益的；（五）因本法第二十六条第一款规定的情形致使劳动合同无效的；（六）法律、行政法规规定劳动者可以解除劳动合同的其他情形。用人单位以暴力、威胁或者非法限制人身自由的手段强迫劳动者劳动的，或者用人单位违章指挥、强令冒险作业危及劳动者人身安全的，劳动者可以立即解除劳动合同，不需事先告知用人单位。”

对于上述劳动者即时解除劳动合同的情形，劳动者无需支付任何费用，用人单位需要支付经济补偿金。

二、用人单位单方解除

用人单位单方解除劳动合同的情形包括：

（一）过错型辞退

过错型辞退是劳动者存在严重过错，用人单位可以单方解除劳动合同而不需要支付经济补偿金。这是《劳动合同法》第39条规定的情形。

1. 在试用期间被证明不符合录用条件

前已述及，在签订劳动合同之前，企业应当书面列明录用条件并让劳动者签字确认。发现劳动者不符合录用条件时，应当先保存好劳动者不符合录用条件的证据。根据本项情形解除劳动合同的通知应当在试用期内发出，并做好通知留痕工作。根据《劳动合同法》第43条，用人单位单方解除劳动合同，应当事先将理由通知工会，并听取工会意见。企业应当及时签订书面劳动合同，否则会被认为不在试用期内，另外，试用期的期限不能超过法定限制。

2. 严重违反用人单位的规章制度

运用该条，企业应当有合法、合理的规章制度，规章制度的制定程序满足法律规定，劳动者书面签署知悉规章制度的书面声明。出现劳动者违反规章制度的情形时，企业应当及时保存劳动者严重违反规章制度的证据。

本项是企业单方解除劳动合同而不需要支付经济补偿的法定情形，本项规定给了企业较大的自主空间，可以约定更多解除劳动合同的情形，如将长期旷工或累计旷工达到多少日作为严重违反规章制度的情形。因此，企业应当珍惜这种自治权利，制定一套详细、严密的规章制度。

3. 严重失职、营私舞弊，给用人单位造成重大损害的

本项指劳动者违反忠实义务，损害公司利益，谋取自己利益或者严重失误、渎职，给用人单位造成重大损失的情形。

适用本项，企业应当掌握劳动者严重失职、营私舞弊的证据和严重失职、营私舞弊给公司造成重大损失的证据。本条与企业规章制度也存在内在联系，企业规章制度中可以列明严重失职、营私舞弊的行为，以及对重大损失的界定。

4. 同时与其他用人单位建立劳动关系，对完成本单位的工作任务造成严重影响，或者经用人单位提出，拒不改正

这里的劳动者，指全日制工作的劳动者，对于非全日制劳动者允许存在多重劳动关系，但后建立的劳动关系不得影响在先劳动关系的正常履行。适用本项，要求用人单位能够证明劳动者同时与其他用人单位建立劳动关系，对于完成本单位工作造成严重影响，或者用人单位以书面形式通知劳动者改正，其在合理的期限内仍不改正。

5. 劳动者通过欺诈、胁迫的手段或者乘人之危，使用人单位在违背真实意思的情况下订立或者变更劳动合同

适用本项，要求用人单位有明确、具体、合法、合理的招聘录用条件，并让劳动者签字确认。用人单位有证据证明，劳动者提供了虚假的资质证件、学历、工作经验等材料。实践中，劳动者对用人单位采取胁迫或者乘人之危的情形较少。

6. 被依法追究刑事责任

法律上的“被依法追究刑事责任”是指被人民法院判处刑罚的或被人民法

院依据《刑法》第37条免予刑事处分的。违反《治安管理处罚法》的行为，不在此列。

（二）非过错型辞退

非过错型辞退是劳动者不存在过错，但用人单位也无过错，客观原因造成劳动合同无法继续履行。此类情况下，法律允许用人单位提前三十日以书面形式通知劳动者本人或者额外支付劳动者一个月工资后，解除劳动合同，即《劳动合同法》第40条规定的情形：

1. 劳动者患病或者非因工负伤，在规定的医疗期满后不能从事原工作，也不能从事由用人单位另行安排的工作的

适用本项，首先要依法认定医疗期，确定劳动者已经医疗期满。医疗期的概念和认定依据为《企业职工患病或非因工负伤医疗期规定》《关于贯彻〈企业职工患病或非因工负伤医疗期规定〉的通知》，各地亦有不同规定。根据“本人实际参加工作年限和在本单位工作年限”计算出劳动者的医疗期，医疗期内不能解除劳动合同，否则为违法解除，医疗期内发放病假工资。

然后，用人单位履行通知程序，告知劳动者返回工作岗位，劳动者明确表示不能返回工作或者仍在治疗。用人单位对劳动者进行适当调岗，并能够证明劳动者不能从事用人单位另行安排的工作。

2. 劳动者不能胜任工作，经过培训或者调整工作岗位，仍不能胜任工作的

适用本项，用人单位需要证明岗位要求，并掌握劳动者不能胜任工作的证据，如考核结果，但考核制度需要经民主程序制定并已公示。然后对劳动者进行培训或者调整工作岗位，劳动者仍不能胜任工作。

3. 劳动合同订立时所依据的客观情况发生重大变化，致使劳动合同无法履行，经用人单位与劳动者协商，未能就变更劳动合同内容达成协议的

客观情况发生重大变化指：发生不可抗力或出现致使劳动合同全部或部分条款无法履行的其他情况，如企业迁移、被兼并、企业资产转移等。需要注意的是，适用本条需要先履行协商程序。

对于非过错型辞退，企业需要支付经济补偿金。

（三）经济性裁员

《劳动合同法》第 41 条规定："有下列情形之一，需要裁减人员二十人以上或者裁减不足二十人但占企业职工总数百分之十以上的，用人单位提前三十日向工会或者全体职工说明情况，听取工会或者职工的意见后，裁减人员方案经向劳动行政部门报告，可以裁减人员：（一）依照企业破产法规定进行重整的；（二）生产经营发生严重困难的；（三）企业转产、重大技术革新或者经营方式调整，经变更劳动合同后，仍需裁减人员的；（四）其他因劳动合同订立时所依据的客观经济情况发生重大变化，致使劳动合同无法履行的。裁减人员时，应当优先留用下列人员：（一）与本单位订立较长期限的固定期限劳动合同的；（二）与本单位订立无固定期限劳动合同的；（三）家庭无其他就业人员，有需要扶养的老人或者未成年人的。用人单位依照本条第一款规定裁减人员，在六个月内重新招用人员的，应当通知被裁减的人员，并在同等条件下优先招用被裁减的人员。"

当企业出现严重经营困难，或者重大经营变化等特殊情形，需要裁员二十人以上或者裁减不足二十人但占企业职工总数 10% 以上的，适用本条规定。

经济性裁员需要按照一定步骤和程序进行。企业应当提前三十日向工会或者全体职工说明情况，可以提供有关生产经营状况的资料，如财务报表、审计报告，制定裁员方案。方案内容主要有：裁员原因、被裁减人员名单、实施步骤、时间表、经济补偿标准等。然后将裁减方案征求工会或者全体职工的意见，再对方案进行修改和完善，并向当地劳动行政部门报告。最后，用人单位公布正式裁员方案，与被裁减人员办理解除劳动合同手续，向被裁减人员支付经济补偿。

企业实施大规模裁员，应当制定完整的方案，按照法律规定的程序实施裁员。方案应当做到公平、公正，顺序上先考虑试用期和临时性岗位员工，后考虑固定期限合同员工和老员工，先考虑绩效低、表现差的员工，后考虑优秀员工。过程中注意安抚员工情绪，必要时与政府部门保持沟通。

根据企业特点选择"极速裁员"还是"按步推进"。"极速裁员"能够将裁员对公司经营影响的周期减到最短，果断快速，适合现金流强的科技型、创新型企业。"按步推进"的裁员策略能够照顾员工情绪，防止冲突局面，适合大规模裁员和劳动力密集型企业裁员。

需要注意的是，根据《劳动合同法》第 42 条，劳动者有以下情形的，用人单位不得实施非过错型辞退和经济性裁员：“（一）从事接触职业病危害作业的劳动者未进行离岗前职业健康检查，或者疑似职业病病人在诊断或者医学观察期间的；（二）在本单位患职业病或者因工负伤并被确认丧失或者部分丧失劳动能力的；（三）患病或者非因工负伤，在规定的医疗期内的；（四）女职工在孕期、产期、哺乳期的；（五）在本单位连续工作满十五年，且距法定退休年龄不足五年的；（六）法律、行政法规规定的其他情形。”

根据《劳动合同法》第 43 条，用人单位单方解除劳动合同，应当事先将理由通知工会。因此，企业依据以上情形单方解除劳动合同时，应当事先将理由通知工会，并听取工会意见。根据《最高人民法院关于审理劳动争议案件适用法律若干问题的解释（四)》第 12 条的规定，建立了工会的企业，按照《劳动合同法》第 39 条和第 40 条解除劳动合同，未事先通知工会的，需要支付赔偿金，起诉前补正通知程序的无须支付赔偿金。通知劳动者解除劳动合同时，企业应当做好通知留痕工作。

企业实施非过错型辞退和经济性裁员，应当向劳动者支付经济补偿。经济补偿按劳动者在本单位工作的年限，每满一年支付一个月工资的标准向劳动者支付。用人单位违法解除劳动合同，劳动者可以要求继续履行劳动合同或者要求用人单位支付赔偿金，赔偿金为经济补偿金标准的二倍。

第三节　规章制度

《劳动法》第 25 条规定：“劳动者有下列情形之一的，用人单位可以解除劳动合同：……（二）严重违反劳动纪律或者用人单位规章制度的……”。《劳动合同法》第 39 条规定：“劳动者有下列情形之一的，用人单位可以解除劳动合同：……（二）严重违反用人单位的规章制度的……”。

此处讲到的规章制度，特指劳动法律关系中用人单位的规章制度，又可以称为劳动规章、工作规则、劳动规则等，是指用人单位为了有效地组织生产经营活动，管理员工工作而规定的某企业内部员工应当享有的权利以及应当遵守的各项义务以及违反义务时的处罚措施。规章制度的内容通常包括：员工招聘或入职管理、劳动合同管理、员工培训、工资工时制度、保险福利待遇、奖惩制度、劳动安全及劳动保护、劳动纪律和员工守则、奖惩制度、绩效考核制度、保密制度和竞业限制等内容。在劳动纠纷中，与用人单位规章制度有关的纠纷占据很大的比例。

规章制度是法律赋予公司进行内部员工管理的利器，在企业内部，规章制度相当于其公司内部的"法律"，满足特定条件后对劳动者具有约束力。劳动者违反规章制度规定，用人单位可以依据规章制度对劳动者进行相应"处罚"，严重者可解除劳动合同，而不需要支付经济补偿。规章制度是劳动法倾斜保护劳动者权益价值取向背景下的一个重要例外，是《劳动合同法》对企业的重要授权。企业应当充分利用这一权利，建立起自己的规章制度体系，在人力资源管理中掌握主动权。

类似于合同法上的"格式条款"，考虑到用人单位在规章制度制定和运用中的强势地位，从保护劳动者利益的角度考虑，劳动仲裁机构和法院倾向对规章制度作严格且限制的解释。因此，用人单位的规章制度必须对劳动者的行为有明确的规定和指向，否则就不能作为处罚劳动者的依据。司法实践中，用人单位的规章制度被认定无效、用人单位依据规章制度解除劳动合同被认定为违法解除的情况广泛存在。要运用好规章制度，应当注意一些要点。

《劳动法》第 4 条规定："用人单位应当依法建立和完善规章制度，保障劳动者享有劳动权利和履行劳动义务。"《劳动法》第 89 条规定："用人单位制定的劳动规章制度违反法律、法规规定的，由劳动行政部门给予警告，责令改正；对劳动者造成损害的，应当承担赔偿责任。"

《劳动合同法》第 4 条规定："用人单位应当依法建立和完善劳动规章制度，保障劳动者享有劳动权利、履行劳动义务。用人单位在制定、修改或者决定有关劳动报酬、工作时间、休息休假、劳动安全卫生、保险福利、职工培训、劳动纪律以及劳动定额管理等直接涉及劳动者切身利益的规章制度或者重大事项时，应当经职工代表大会或者全体职工讨论，提出方案和意见，与工会或者职工代表平等协商确定。在规章制度和重大事项决定实施过程中，工会或者职工认为不适当的，有权向用人单位提出，通过协商予以修改完善。用人单位应当将直接涉及劳动者切身利益的规章制度和重大事项决定公示，或者告知劳动者。”

《劳动合同法》第 80 条规定：“用人单位直接涉及劳动者切身利益的规章制度违反法律、法规规定的，由劳动行政部门责令改正，给予警告；给劳动者造成损害的，应当承担赔偿责任。”

可见，企业用于员工管理的规章制度要发生效力，起到预期作用，用人单位依据《劳动合同法》第 39 条第 2 项解除劳动合同，必须符合几点条件：规章制度内容合法合理；规章制度的制定经过平等协商程序；用人单位掌握证据证明劳动者“严重违反规章制度”。

规章制度内容合法是指规章制度的内容不违反法律、行政法规、规范性文件的条文和原则，也不违反国家政策。我国劳动法律法规体系中不同法律位阶和不同地区的规定较为庞杂，因此要做到这一点并不容易。例如，某公司规章制度规定“禁止办公室恋情，若违反，公司有权单方面解除劳动合同”，劳动仲裁机构或法院会认为这样的规定违反了《婚姻法》中的婚姻自由原则，因此认定规章制度无效。合理性的认定更为复杂，自由裁量的空间较大。要求规章制度的内容不违反基本的道德标准和公序良俗。企业在制定相关内容时，应当注意规章制度内容符合自身经营管理特点，符合其对劳动者的需要，以及符合公平、公正等基本原则。此外，还应当注意规章制度内容与劳动合同、集体合同内容的一致性。

程序正义在西方国家法治领域被高度重视，非法程序制定的规则或者获取的证据经常被认定为无效。运用规章制度进行人力资源管理，规章制度制定的民主程序非常重要。事实上，只要民主程序履行到位，而且规章制度的内容合法合理，规章制度就可以成为约束员工的内部规则，再保留好员工严重违反规章制度的证据，在劳动仲裁或诉讼中就能掌握主动权。

平等协商程序是指，用人单位在制定、修改或者决定有关劳动报酬、工作时间、休息休假、劳动安全卫生、保险福利、职工培训、劳动纪律以及劳动定额管理等直接涉及劳动者切身利益的规章制度或者重大事项时，应当经职工代表大会或者全体职工讨论，提出方案和意见，与工会或者职工代表平等协商确定；实施过程中，工会或者职工认为不适当的，有权向用人单位提出，通过协商予以修改完善；用人单位应当将直接涉及劳动者切身利益的规章制度和重大事项向劳动者公示，或者告知劳动者。平等协商程序包括三个必备环节：第一，职工代表大会或者全体职工讨论，提出方案和意见，形成草案；第二，工会或者职工代表平等协商；第三，公示或者告知劳动者。另外，还有一点，实施过程中，工会或者职工认为不适当的，进行协商修改。

根据劳动法领域的举证责任分配规则，平等协商程序的证据材料由企业提供，如不能提供，用人单位将承担不利后果。用人单位在制定、修改规章制度，履行平等协商程序时，要保留好相关的会议纪要、与会人员签字、讨论情况与经过等证据。证明用人单位已履行平等协商制定程序的证据包括：会议录音录像，职工代表大会或者全体职工讨论劳动规章制度的会议纪要，工会或者职工代表相关人员签名的协商会议记录等。证明已经履行告知程序的证件包括：用人单位公示规章制度的照片和录像，职工签收有关规章制度的记录等。告知程序，可以通过培训、考试、制作员工手册的方式告知劳动者，也可作为劳动合同附件形式在签订劳动合同时向劳动者告知，或者张贴于公告栏等醒目位置。

企业应当在入职登记表、员工手册、企业规章制度中让劳动者写下以下这段话并签字：

本人已充分阅读公司规章制度的各项规定，公司已经向本人解释了相关条款，本人已经理解各项条款的内涵。该规章制度已经经过全体职工讨论并提出方案和意见，并与工会或者职工代表平等协商确定，公司已经将规章制度公示并向本人告知，本人自愿遵守公司的规章制度。

“严重违反”的认定具有较大的自由裁量空间，要缩小这种空间就应当在规章制度中避免模糊不清、笼统的用语，表述尽可能简洁、准确、严谨。企业可以在规章制度中明确如何界定“严重违反”，如是否故意、多次作为、劝阻无效，给其申辩、纠正的机会。企业还可以在规章制度中明确“严重违反”的标准，如连续旷工达到多久属于严重违反；造成公司损失达到多少数额属于严重违反。此外，企业制定和适用规章应当避免不合情理和显失公平，应当符合公序良俗。

严重违反的行为可以包括：违反治安处罚法及构成犯罪的行为，违反单位诚信保密制度的行为，影响生产秩序及侵害公司利益的行为，违反公司劳动者日常行为规范及工作记录的行为等，以及与公司本身或其行业特征相关的一些不当行为。证明劳动者存在相关行为的举证责任在用人单位。当严重违纪行为发生时，企业首先要做的就是固定相关证据。证据可以是劳动者签字认可的书证，照片、录音、录像、第三方出具的报告等。在劳动仲裁或诉讼中，企业方的员工出庭作证由于存在利害关系，证明力较弱，只可以作为补强证据，增强裁判者的内心确信。

第四节　保密与竞业限制

一、保密协议

《劳动合同法》第22条规定："用人单位为劳动者提供专项培训费用，对其进行专业技术培训的，可以与该劳动者订立协议，约定服务期。劳动者违反服务期约定的，应当按照约定向用人单位支付违约金。违约金的数额不得超过用人单位提供的培训费用。用人单位要求劳动者支付的违约金不得超过服务期尚未履行部分所应分摊的培训费用。用人单位与劳动者约定服务期的，不影响按照正常的工资调整机制提高劳动者在服务期期间的劳动报酬。"

第23条规定："用人单位与劳动者可以在劳动合同中约定保守用人单位的商业秘密和与知识产权相关的保密事项。对负有保密义务的劳动者，用人单位可以在劳动合同或者保密协议中与劳动者约定竞业限制条款，并约定在解除或者终止劳动合同后，在竞业限制期限内按月给予劳动者经济补偿。劳动者违反竞业限制约定的，应当按照约定向用人单位支付违约金。"

第24条规定："竞业限制的人员限于用人单位的高级管理人员、高级技术人员和其他负有保密义务的人员。竞业限制的范围、地域、期限由用人单位与劳动者约定，竞业限制的约定不得违反法律、法规的规定。在解除或者终止劳动合同后，前款规定的人员到与本单位生产或者经营同类产品、从事同类业务的有竞争关系的其他用人单位，或者自己开业生产或者经营同类产品、从事同类业务的竞业限制期限，不得超过二年。"

第25条规定："除本法第二十二条和第二十三条规定的情形外，用人单位不得与劳动者约定由劳动者承担违约金。”

《刑法》第219条规定：“有下列侵犯商业秘密行为之一，给商业秘密的权利人造成重大损失的，处三年以下有期徒刑或者拘役，并处或者单处罚金；造成特别严重后果的，处三年以上七年以下有期徒刑，并处罚金：（一）以盗窃、利诱、胁迫或者其他不正当手段获取权利人的商业秘密的；（二）披露、使用或者允许他人使用以前项手段获取的权利人的商业秘密的；（三）违反约定或者违反权利人有关保守商业秘密的要求，披露、使用或者允许他人使用其所掌握的商业秘密的。明知或者应知前款所列行为，获取、使用或者披露他人的商业秘密的，以侵犯商业秘密论。本条所称商业秘密，是指不为公众所知悉，能为权利人带来经济利益，具有实用性并经权利人采取保密措施的技术信息和经营信息。本条所称权利人，是指商业秘密的所有人和经商业秘密所有人许可的商业秘密使用人。”

《反不正当竞争法》第9条规定：“经营者不得实施下列侵犯商业秘密的行为：（一）以盗窃、贿赂、欺诈、胁迫或者其他不正当手段获取权利人的商业秘密；（二）披露、使用或者允许他人使用以前项手段获取的权利人的商业秘密；（三）违反约定或者违反权利人有关保守商业秘密的要求，披露、使用或者允许他人使用其所掌握的商业秘密……第三人明知或者应知商业秘密权利人的员工、前员工或者其他单位、个人实施前款所列违法行为，仍获取、披露、使用或者允许他人使用该商业秘密的，视为侵犯商业秘密。本法所称的商业秘密，是指不为公众所知悉、具有商业价值并经权利人采取相应保密措施的技术信息和经营信息。”

参考《刑法》和《反不正当竞争法》上的定义，商业秘密是指不为公众所知悉，能为权利人带来经济利益，具有实用性并经权利人采取保密措施的技术信息和经营信息。关于商业秘密的保护，《反不正当竞争法》上强调的是市场经营者的行为，《劳动合同法》上强调的是劳动者的行为，《刑法》上适用的主体范围更广，无论是劳动者还是经营者或者其他主体，严重侵犯他人商业秘密的，都会成为刑事责任主体。

一般认为，商业秘密主要包括两大类：一是技术秘密，如非专利技术、技术方案和方法、设计图纸、计算机程序、产品模型，制作工艺、产品秘方等；二是经营秘密，如经营战略、经营规划、重要会议纪要、客户资料、采购和销售渠道、经销网络、市场信息、经营手段、招投标信息、财务资料、管理方法、人事档案、薪酬体系等。

一家企业能够在激烈竞争的市场中存活并逐步取得领先地位，要么具有技术优势，要么具有渠道优势，要么具有管理优势。现实中经常会发生由于核心员工离职，造成渠道秘密泄露，或者技术骨干带着技术图纸投奔竞争对手，造成企业巨大损失的事件，等到企业诉诸司法程序则为时已晚。因此，保密与竞业限制管理是现代公司治理的重要一环。

企业商业秘密保护已经成为现代公司发展中的一个重要的法学和管理学问题。掌握商业秘密的企业，需要建立商业秘密保护体系并持续进行商业秘密保护管理。保护商业秘密大致有“物理措施”和“软措施两”类方法。“物理措施”是通过物理隔离、相互监督、分层次审批等措施，将涉密区域与公共区域隔离，以阻止不必要人员进入涉密领域。对于重要信息，可划定密级，在企业秘密介质上进行存储。对于关系到企业生死存亡的核心商业秘密，可以对商业秘密进行“分段”，安排不同的负责人分别保管，并禁止相互询问。著名的例子如“可口可乐”配方。

“软措施”，即通过制定企业规章制度、签订保密协议与竞业限制协议等文件，对员工应当保守商业秘密的范畴、期限以及违约责任等进行约定。企业应根据自身的实际情况建立完善的保密规章制度，并做好相应的公示，确保员工能明确知晓其保密义务，以及违反保密制度的法律责任。

保密协议可以是单独签订的协议，也可以是劳动合同的保密条款。保密协议的内容一般包括：公司商业秘密的界定和范畴，正确使用商业秘密的义务，保守商业秘密的义务，妥善保管商业秘密资料的义务，获得商业秘密职务成果权利归属，不得利用公司的商业秘密成立自己公司或为自己谋利的义务，不得利用商业秘密到有竞争关系的企业工作的义务，不得传播、泄露公司商业秘密的义务，损害商业秘密的损害赔偿责任、保密期限等。

保密期限可以长于劳动合同的期限，可以是 3 年、5 年或者长期，可以约定从劳动者知悉公司的商业秘密开始到公司为商业秘密解密为止。关于保密费，劳动法律法规并未作出强制性规定，可以约定用人单位支付的劳动报酬当中已经包含了保密费，也可以另行支付保密费。

需要注意的是，员工对企业商业秘密的保密义务，是基于劳动法律关系产生的忠诚义务，遵守这种义务并不以签订保密协议和支付保密费用为前提。也就是说，即便企业与员工未签订保密义务或者未支付保密费，员工亦不能因此而豁免承担保密义务，否则，员工侵犯企业商业秘密需要承担民事赔偿责任，构成犯罪的，需要承担刑事责任。签订保密协议是为了提示和强化这种义务，更好地规范员工的日常行为，并作为要求泄密员工承担赔偿责任的依据，特别是对于企业高管、技术管理人员等容易接触到公司商业秘密的人员。

根据《劳动合同法》的规定，由劳动者承担违约金的情形仅限于违反服务期约定和违反竞业限制协议两种情形。所以，员工违反保密义务，不能适用违约金条款。企业可以与劳动者约定损失范围和损失计算方法，来明确违反保密义务者的赔偿责任。

二、竞业限制

市场竞争中，人才流动频繁，人才流动必然会带来企业商业秘密泄露的风险，这种风险很难彻底避免。商业秘密一旦被员工带到有竞争关系的企业中，将对原工作企业生产经营带来严重冲击。为了保护创新精神，倡导良性竞争，竞业限制协议逐渐被广泛采用。

竞业限制是指在劳动合同解除或者终止后，用人单位的高级管理人员、高级技术人员和其他负有保密义务的人员不得到与本单位生产或者经营同类产品、从事同类业务的有竞争关系的其他用人单位任职，或者自己开业生产或者经营同类产品或从事同类业务。

签订竞业限制协议的主体是用人单位的高级管理人员、高级技术人员和其他负有保密义务的人员，因为签订竞业限制协议是需要支付经济补偿的，企业需要为此付出成本，所以竞业限制协议的适用范围不需要扩大到全体员工。

竞业限制的范围、地域、期限由用人单位与劳动者约定，竞业限制的约定不得违反法律、法规的规定。为了保证协议的有效性，应当注意限制的合理性，范围应当限于同类、相竞争的企业；竞业限制的地域，可以进行扩大，理论上全国乃至全世界都不违法；期限不能超过离职后两年，对此应当灵活掌握，并非所有竞业限制协议都要约定两年，为了降低成本，对于一些竞业要求不高的人员，期限可以约定为一年或者六个月。

经济补偿的支付应当严格按照法律规定的方式发放，在解除或者终止劳动合同后，在竞业限制期限内按月给予劳动者经济补偿。与保密协议不同，不能约定经济补偿已包含在劳动者现有的工资报酬中。经济补偿支付的金额，不宜过低，否则达不到经济补偿的目的，经济补偿过低，竞业限制协议可能会面临无效风险。而且，当员工违反竞业限制协议，企业要求其进行赔偿时，员工侵权的损失往往难以计算，这时，经济补偿金额的多少，往往会成为确定赔偿款项金额的重要依据。按照《最高人民法院关于审理劳动争议案件适用法律若干问题的解释（四）》，经济补偿标准按照劳动合同解除或者终止前十二个月平均工资的30%计算较为合适。

竞业限制是从解除和终止劳动合同后才开始生效的，不当然限制劳动合同期内的行为。《公司法》对于董事、高级管理人员有忠实义务的规定，对于其他人员，可以通过劳动合同、公司规章制度进行约束。例如，规定某管理岗位员工劳动合同期内不得在与公司经营同类业务的公司兼职，不得自己经营同类业务，否则公司可以解除劳动合同而不支付经济补偿金。

实践中会出现一种情况，即竞业限制协议履行了一段时间后，企业认为竞业期已经够了，没必要再继续履行，但企业还需要按照协议支付经济补偿。根据《最高人民法院关于审理劳动争议案件适用法律若干问题的解释（四）》，在竞业限制期限内，用人单位可以请求解除竞业限制协议，但劳动者可以要求用人单位额外支付三个月的经济补偿。

企业应当在协议中约定劳动者违反竞业限制义务的违约金，民事责任的违约金可以得到支持的上限一般为合同标的款的30%或者造成损失的30%，当然也可以有其他约定方式，正确的方法是在满足合理性的前提下，取最大值。但是竞业限制协议中，并没有交易标的金额进行参照。常见的做法是约定经济补偿款的若干倍为违约金，此时不能作100倍、200倍之类的约定——太高了显然不会得到支持。从司法实践来看，可以约定违约金为经济补偿总额的5倍或者直接约定一个金额，违约金不足部分，依然要承担赔偿责任。

除了约定违约金，还可以约定赔偿损失的责任承担方法以达到更好的效果。当劳动者出现违约情形时，用人单位应及时收集、保存经济损失的证据，为索赔争取主动。侵犯商业秘密和违反竞业限制协议并不是一回事，但违反竞业限制协议经常会发生侵犯商业秘密的行为。对于侵犯商业秘密的行为，可以依据侵权法律关系追究相关人员的责任，构成犯罪的，还可以追究刑事责任。用人单位发现员工违反竞业限制协议，要求员工支付违约金后，依然可以要求员工继续遵守竞业限制义务。

第五章　股权融资

光阴荏苒，岁月流逝。转眼当年的小秦已经人到中年，朋友们逐渐改口称呼他为老秦了。

此前，公司已经进行了多次增资，注册资本增加到 8000 万元。

为了引进两条进口生产线，同时增加研发和品牌推广投入，老秦和股东们商量了一下，决定引进外部机构投资人。

经过与多家投资机构接触，经过漫长的谈判，最终确定了两家投资机构，公司成功融资 3 个亿。

本次变更后，公司股权结构变更为：

序号	股东	实缴出资（万元）	出资比例	出资方式
1	老秦	6100	61%	货币
2	投资机构 A	1200	12%	货币
3	投资机构 B	800	8%	货币
4	老蒋	700	7%	货币
5	老陶	700	7%	货币
6	员工持股平台	500	5%	货币
合　计		10000	100%	—

第一节 股权融资概论

一、股权融资的概念和特征

资本是企业发展需要解决的第一要素，没有资金，一切都是空谈。除了创始股东的原始出资，企业要解决资金问题，就需要融资。适当利用财务杠杆和各种融资工具，是企业逐渐发展壮大的必经之路。银行贷款、证券市场融资和私募股权融资是企业最常用的融资工具。

股权融资，指公司创始股东出让部分公司所有权，通过增资的方式引入新股东，获得企业发展所需要的资金。新股东可以是自然人也可以是专业的机构投资者。相对于银行和民间债权融资，股权融资获得的资金无须还本付息，但需要创始股东让渡公司股权并与投资人分享公司的赢利及企业价值的增长。

世界上最赚钱的生意，也许不是贩卖军火而是股权投资。如果选对一家公司，随着这家公司估值的上升，最终通过并购或者 IPO 退出，股权投资人的获益往往是几十倍甚至几百倍。源于股权投资丰厚的回报，私募股权投资已经发展成一个独立的产业，市场上出现了各种各样的股权投资机构。

除了解决资金问题，引入投资人有时还有其他考虑，如基于公司发展战略方面的考量。战略投资者具有资金、人才、技术、管理、渠道等方面的优势，可以帮助企业改善治理结构，增强企业核心竞争力和创新能力。专业的 PE① 机构能调动资源帮助企业进入新市场，获得新的商业渠道及伙伴。PE 机构专业的财务和法律人才可以帮助企业建立有利于将来上市的财务制度和合规体系。

目前，许多大型企业集团纷纷建立了自己的投资公司。引入这些企业集团的投资公司，可以让企业间建立起战略合作伙伴关系。例如，A 公司和 B 公司在移

① PE 是 Private Equity 的简称，即私募股权投资。指基金管理人汇集合格投资者的资金，投入非上市企业，通过上市、并购等方式退出并获利的投资模式。

动支付领域互为最大的竞争对手，A 公司市场占有率第一，B 公司第二。A 公司主业为电子商务，B 公司一直想涉足该领域但未取得突破。于是 B 公司将目光转向 C 公司，C 公司是 A 公司在电子商业领域的主要竞争对手。正所谓，敌人的敌人就是朋友。于是 B 公司和 C 公司达成战略合作，B 公司下属投资公司向 C 公司股权投资 50 个亿，成为 C 公司的第三大股东。B 公司强大的资金和资源优势，帮助 C 公司迅速成长。C 公司的发展壮大，给 B 公司带来丰厚回报，同时对 B 公司移动支付业务的增长帮助明显。

世上所有的交易，都是利益使然。股权融资并不是雪中送炭，有时只能是锦上添花。企业家对待股权融资需要谨慎和理性。

由于资方的强势地位，投资人进入企业时，往往要求企业签订苛刻的投资协议，要求获得种种优先权及特殊权利，而且经常要求签订对赌协议①。如果选择不当，或者公司经营出现困难，会出现创始股东和投资人矛盾激化的局面，对创始股东控制权及公司经营发展带来严重危机。

二、时机和投资人的选择

一般情况下，公司股权融资的最佳时机是处于上升期的时候，如果一家公司没有成长到一定阶段，股权融资时公司的估值就很难理想。处于不同行业的企业，融资的时机也有所区别。服务型企业年收入超过千万元人民币，制造业企业净利润达到几百万元人民币时，是进行股权融资的适当时机。对于尚未产生营业收入的创新型企业，在取得某项技术突破或认证时，适合进行股权融资。

当企业产能扩张后，需要进行市场推广，引入新的生产线或购入原材料时，可以进行股权融资。此时，企业产品已经得到市场认可，存在扩大产能需求，能够给投资人一个明确的预期，投资人的风险大为降低。此时，融资方可以接洽多

① 对赌协议（Valuation Adjustment Mechanism）是为保护投资者利益的一种约定，投资方与融资方对将来公司的业绩或者是否达成某个特定事项进行对赌，如果管理团队实现预期目标，对公司估值进行调整，投资人对公司或管理团队进行股份、现金或者其他形式的奖励；如果没有实现特定目标，则创始股东、管理团队需要对投资人进行股份、现金或者其他形式的补偿。

家投资人，由于投资人相互间存在竞争，这样对提高企业估值有所帮助。近年来，随着新经济模式的兴起，股权融资呈现出新的节奏，企业股权融资按照阶段可以划分为天使轮、A 轮、B 轮、C 轮、Pre - IPO 轮[①]。

企业家制定公司融资策略时，可以根据公司生产经营计划测算出现金缺口的大致时间和数量，提前规划融资事项，如果等到现金流紧张时再去谈判，容易失去主动权。另外，股权投资市场有周期，在股权市场火热的年份，好的项目往往能够获得更高的价格。

股权融资，不是投资人对企业的单向选择，而是投资人和企业的互相选择。一旦融资成功，双方就成为一条船上相处的人，对企业的影响将是持久的。在选择投资人时，企业家不应当只关注价格。投资条款不同、是否有对赌、对赌条件不同，价格都是不同的。选择投资者，也不能只关注投资者的名气。我们经常能看到，某企业进行自身宣传时，宣称自己获得某著名 PE 多少金额的投资。不可否认，著名 PE 的认可，能够给企业带来信用和未来盈利能力的背书。但企业家应当保持谨慎和理性，不可跟风、随波逐流。选择投资者，应当综合考虑价格、信誉、做事风格、资源整合能力等因素。必要时，企业也应当对投资者进行尽职调查，调查其背景、投资案例等信息。也可以通过其投资的其他企业，了解该投资者的行事风格。

讲到股权融资，就会讲到对企业的估值。估值就是估算企业的内在价值。企业家应当弄清投前估值和投后估值的区别。假设公司投前估值为 a，本轮融资金额为 b，b/（a + b）= 本轮投资者的股权比例。假设投后估值为 c，本轮融资金额为 b，b/c = 本轮投资者的股权比例。

股权融资一般采用溢价增资的方法，根据公司估值和本轮融资金额计算出投资者的股权比例，然后计算应当增加多少注册资本。例如，公司注册资本为4000万元，投前估值 8 个亿，投资人要拿到 5% 的股权，就要拿出 4210.53 万元现金。假设增加注册资本数量为 X，X/（X + 4000 万）= 5%，X = 210.53 万元。则投资人拿出 4210.53 万元现金，其中 210.53 万元进入注册资本，属于投资者的权益份额，其余 4000 万元进入资本公积金，由全体股东享有。

---

① 企业上市之前的投融资。

三、估值

估值指对目标企业进行价值评估。确定目标企业的投资价格是股权投融资的核心环节，也是投融资双方能否达成一致的关键所在。企业估值的方法很多，较为常用的有以下几种：

（一）市盈率法

市盈率是公司股票的市场价格与每股收益之比，即 P/E。市盈率反映的是目标企业按有关折现率计算的盈利能力的现值，市盈率法是通过市场对目标企业收益资本化后得到的资本化价值来反映目标企业的价值。

选取在行业、产品、规模、成长阶段与目标企业尽可能相同或相似的三个以上企业作为参照，计算出可比公司平均市盈率。然后用平均市盈率乘以目标公司最后一年净利润得到公司价值。市盈率法通过企业净利润计算企业价值，较为合理，且操作简单方便，是目前最常用的企业估值方法。

（二）市净率法

市净率是指股价与每股净资产的比率，即 P/B。上市公司的每股内含净资产值高而每股市价不高的股票，即市净率越低的股票，其投资价值往往越高。市净率还可以用来作为新股发行初始价格的参照标准。

首先根据审核后的净资产计算出目标公司的每股净资产，然后选择同行业公司的市净率，用每股净资产乘以 P/B 决定公司价值。市净率法适用于资产规模大的企业，如银行、房地产企业。

（三）EV/EBITDA 法

EV 为企业价值，EBITDA 是利息、税项、折旧和摊销前的利润。EV/EBITDA 反映了投资资本的市场价值和未来一年企业收益的比例关系。相比于市盈率，EV/EBITDA 适用范围更广，EV/EBITDA 法剔除了不同所得税税率、资本结构、非现金成本对公司估值的影响，能够更准确地反映公司的价值。

市盈率和 EV/EBITDA 反映的都是市场价值和收益指标间的比例关系，市盈率是从股东角度出发，EV/EBITDA 从全体投资人的角度出发。相对于将所有因素综合在一起的净利润指标，EBITDA 剔除了财务杠杆使用、折旧政策、长期投资水平等非营运因素的影响，更能够展现企业真正的运营绩效。

（四）现金流折现法

现金流折现法以企业过去的历史经营情况为参考，对企业未来的现金流量以及风险进行预期判断，然后选择合理、公允的折现率，将未来的现金流量折合成现值，从而得出公司的价值。

货币具有时间价值，企业经营的本质可以理解为一种以资产增值为目的的现金支出行为。现金投入使用后，其流动性部分或者完全丧失，随着时间的推移，其流动性又逐渐恢复并转化为现金。公司的经营就是一个现金流动过程，未来现金流量的折现就是公司价值的衡量形式。

（五）重置成本法

重置成本法，就是计算出在现实条件下重新购置或建造一个全新状态的评估对象所需的全部成本，然后减去评估对象各项贬值，以确定评估对象现值的一种评估方法。重置成本法是一种静态的评估方法，从企业资产成本的角度来对资产进行价值评估和判断。

除此之外，还有很多估值方法。不同估值方法体现了对商业模式和企业成长性的不同理解。受纷繁复杂的客观因素影响，固定公式模型往往难以准确判断企业价值，每种估值方法往往都存在一定的局限性。所以，估值方法得出的数据只能作为参考。判断一个企业是否可以投资，投资价格以多少为宜，应当重点关注宏观经济环境、企业所处行业，企业所处发展阶段，企业决策人、技术团队、营销团队人的作用和忠诚度，企业未来的发展预期等。作为融资方，除了考虑价格，投资人是否好相处，能否给企业整合好的资源，能否带来好的财务、法律、资本运作咨询意见也是重要的考虑因素。

为了解决估值谈判的争论不休，私募股权融资在长期实践中发展出估值调整机制。即投资人和企业或者创始股东约定，如果公司未来达成某种条件，这种条件可以是业绩指标也可以是某个事项，如在某一年完成 IPO，双方对公司估值进行调整。如果公司达成条件，则估值上调，约定一个公式作为调整方法，结果是投资者对公司增加投资或者对创始股东给予现金或股份奖励。如果条件未达成，则公司估值下调，公司或股东需要对投资人进行补偿。

第二节 特殊条款

起源于美国的私募股权投资，经过几十年的发展，成为仅次于银行贷款和 IPO 的重要融资手段。海外 PE 机构来到中国，带来了企业需要的资金，也带着资方固有的傲慢，将特殊的投资协议条款带到中国，如今，带有特殊条款的投资协议在国内的私募股权融资中也广泛流行。

然而，由于法域的不同，许多特殊条款在中国法框下面临是否有效、是否可实施存在不确定性。进行股权融资的企业，应当对这些条款及其本土化问题有所认知。“合同法奉行合同自由原则，一方面，当事人原则上可缔约任何合同；另一方面，任何国家的法律都不可能对所有的协议均予以保护，也不可能让合同自由不受任何限制。”①

一、陈述与保证条款

投资人投资一家企业，基于一些先决条件和承诺。该条款主要用于列明创始股东和公司对公司情况和未来事件的陈述与保证。

陈述与保证条款是合同各方就本协议签订的某些前提条件和自身状况进行的一些披露和保证。陈述与保证条款只要不违反我国法律、行政法规的规定，一般都有效。

① 韩世远：《合同法总论》，法律出版社 2018 年版，第 193 页。

二、保护性条款

保护性条款，指目标公司在进行某些可能损害投资人利益的事件之前，必须获得投资人的同意，如购买、出售资产达成一定金额；修改公司章程；公司合并、分立、收购；公司解散，清算；发行债券；损害公司利益的关联交易；调整董事会人数和组成等。

对于有限责任公司，根据《公司法》第43条、第48条，对某些事项的表决，可以设置股东会通过的比例，也可以设置董事会通过的比例。

对于股份有限公司，根据《公司法》中关于股份公司股东大会和董事会的议事规则的规定，投资人无法获得一票否决权。为了实现特殊目的，可以通过公司章程的特殊约定，调整股东大会和董事会对某事件决议时表决权的比例。

保护性条款的初衷是防止大股东损害作为小股东的投资人的利益，融资谈判时创始股东需要找到适当的平衡点，不能让保护性条款在日后干扰公司运营，甚至损害公司和创始股东的利益。

三、优先权条款

（一）优先分红权

优先分红权指投资协议约定，某些情况下投资人有先于其他股东分取红利的权利。

《公司法》第34条规定："股东按照实缴的出资比例分取红利；公司新增资本时，股东有权优先按照实缴的出资比例认缴出资。但是，全体股东约定不按照出资比例分取红利或者不按照出资比例优先认缴出资的除外。"

可见，对于有限责任公司，法律规定可以不按照出资比例分取红利，但未规定是否可以在分红的顺序上进行调整。由于优先分红的约定，不违反法律法规的强制性规定，实践中倾向于认为这种约定有效。

《公司法》第166条第4款规定："公司弥补亏损和提取公积金后所余税后利润，有限责任公司依照本法第三十四条的规定分配；股份有限公司按照股东持有的股份比例分配，但股份有限公司章程规定不按持股比例分配的除外。"

可见，对于股份公司，可以通过公司章程约定不按照持股比例分配利润。

根据证监会《优先股试点管理办法》的规定，国内上市公司可以发行优先股，非上市公众公司可以非公开发行优先股。优先股股东持有人可以优先于普通股股东分配公司利润。

（二）优先认购权

优先认购权，指公司增资或者发行股份时，投资人有权依据其持股比例先于他人进行认购的权利。

《公司法》第34条规定："股东按照实缴的出资比例分取红利；公司新增资本时，股东有权优先按照实缴的出资比例认缴出资。但是，全体股东约定不按照出资比例分取红利或者不按照出资比例优先认缴出资的除外。"

因此，对于有限责任公司，优先认购权的约定有效、可行。

《公司法》第126条规定："股份的发行，实行公平、公正的原则，同种类的每一股份应当具有同等权利。同次发行的同种类股票，每股的发行条件和价格应当相同；任何单位或者个人所认购的股份，每股应当支付相同价额。"

股份公司发行股份时，老股东没有优先认购权，这和股份公司的资合性有关。

目前，国内新三板领域，规定了原股东的优先认购权。

（三）优先购买权

优先购买权指公司原股东对外转让股权时，投资人有权优先购买。

根据《公司法》第71条的规定，有限公司的公司章程可以对股权转让进行特别约定。所以，在有限责任公司，约定投资人的优先购买权是可以的。

对于股份有限公司，资合性是其主要属性，股份公司股东所持有的股份，只要不在限售期内，都可以自由转让，而不能附加其他限制。

所以，对于股份有限公司，优先购买权的约定不符合法律的规定。

（四）优先清算权

优先清算权指公司结束业务或进行清算时，投资人有权先于其他股东分配公司剩余财产的权利。

《公司法》第186条规定："清算组在清理公司财产、编制资产负债表和财产清单后，应当制定清算方案，并报股东会、股东大会或者人民法院确认。公司财产在分别支付清算费用、职工的工资、社会保险费用和法定补偿金，缴纳所欠税款，清偿公司债务后的剩余财产，有限责任公司按照股东的出资比例分配，股份有限公司按照股东持有的股份比例分配。清算期间，公司存续，但不得开展与清算无关的经营活动。公司财产在未依照前款规定清偿前，不得分配给股东。"

由此可见，《公司法》明确规定了剩余财产的分配顺序，因此一般情况下优先清算权的约定不符合法律的规定。可行的替代做法是，投资人与创始股东约定，在特定情况出现时，由创始股东回购投资人的股权。

《中外合资经营企业法实施条例》第94条规定："合营企业以其全部资产对其债务承担责任。合营企业清偿债务后的剩余财产按照合营各方的出资比例进行分配，但合营企业协议、合同、章程另有规定的除外。合营企业解散时，其资产净额或者剩余财产减除企业未分配利润、各项基金和清算费用后的余额，超过实缴资本的部分为清算所得，应当依法缴纳所得税。"因此，对于中外合资企业，可以对剩余财产的分配进行特殊约定。

根据证监会《优先股试点管理办法》的规定，国内上市公司可以发行优先股，非上市公众公司可以非公开发行优先股。优先股股东持有人可以优先于普通股股东分配公司剩余财产。

四、反稀释条款

反稀释条款，指如果目标公司在本轮融资价格之下进行后续融资，那么本轮投资者的融资价格就要进行调整，降低至后续融资的价格。

对融资价格进行调整时，如果约定的是对股权进行调整，需要按照法律规定履行股东会决议等程序，此时投资人与创始股东的约定难以约束其他股东，比较容易的操作是创始股东拿出部分现金补偿给投资人。对于目标企业是外商投资企业、国有企业的情形时，变动股权需要履行更为复杂的程序。

具有可操作性的方法是，约定一旦出现后轮融资价格下降的情况，由创始股东对投资人进行补充，为防止今后创始股东失去履行能力，可要求提供担保。

为防止反稀释条款限制今后企业根据市场情况的变化而做出合理的商业决策，反稀释条款应当被限定在一定期限内。另外公司在进行股权激励时，此类新股或企业权益设计与发行不应受到反稀释条款的约束。

五、回赎权

回赎权，指目标企业的业绩达不到预期或者出现某些约定情形时，投资人要求公司或创始股东按照初始投资额加上一定溢价回购投资人的股权，从而实现投资人退出的权利。

回赎权如果约定由公司进行回购，需要履行减资程序，减资程序比较复杂，需要股东会三分之二以上表决权通过，编制资产负债表和财产清单，10 日内通知债权人，30 日内登报公告，一套程序走下来需要 2 个月左右的时间。再加上此时公司业绩不佳，资产减少，投资人要想收回权益具有较大的不确定性。

很多投资人选择与创始股东签订回购协议，为了保证创始股东届时遵守协议，投资人会约定较高的违约金并要求创始股东提供第三方担保。

六、共同出售权

投资人看中一家企业，很大程度上是看中企业的管理团队、技术团队或营销团队，所谓“投资即投人”。共同出售权，指创始股东或某特定股东（如技术骨干）欲转让或出售股权时，投资人有权要求按照出资比例以创始股东的出售价格与创始股东一起向第三方转让。

由于合同相对性的问题，创始股东与投资人的这种约定难以约束第三人。实践中有这种做法：创始股东向投资人保证一个期限内不得转让股权、离开公司，如果违反，需要以特定价格回购投资人股权或者支付一定数额的违约金。但此种做法仍然存在因为限制股东法定权利而被认定无效的风险。

七、强制随售权

强制随售权是一种很“霸道”的特殊条款，指目标企业业绩没有达到预期目标或者在约定期限内没有完成上市，或者达成事先某种约定的情形时，投资人有权要求其他股东与投资人一起以协商好的价格向第三方转让股权。

强制随售权与共同出售权相对应，共同出售权是投资人强行介入创始股东与第三方的交易，强制随售权是投资人要求创始股东加入自己与第三方的交易。当强制随售权行使的前提达成时，创始股东在一定程度上已经不能掌握自己股权的命运了。

与共同出售权不同，强制随售权没有突破合同相对性，似乎不违反法律的规定。但共同出售权是投资人凭借资本优势，对股东股权处分权的一种严重挑战，其法律后果具有不确定性，即使被法院认定有效，在执行上也具有现实困难。

对于创始股东，签订这种条款时，则要谨慎三思，以免日后面临被动局面。即使接受强制随售权，也应当在谈判中尽力增加约束内容。例如，约定触发强制随售权必须经股东会三分之二以上股东同意，约定适用强制随售权必须在投资满几年以后，设定出售股权最低价格，以及有限公司原股东优先购买权如何保护等内容。

八、知情权

知情权，指投资人对于公司经营管理、财务状况等信息，进行了解和获取的权利。

《公司法》第 33 条规定：“股东有权查阅、复制公司章程、股东会会议记录、董事会会议决议、监事会会议决议和财务会计报告。股东可以要求查阅公司会计账簿。股东要求查阅公司会计账簿的，应当向公司提出书面请求，说明目的。公司有合理根据认为股东查阅会计账簿有不正当目的，可能损害公司合法利益的，可以拒绝提供查阅，并应当自股东提出书面请求之日起十五日内书面答复股东并说明理由。公司拒绝提供查阅的，股东可以请求人民法院要求公司提供查阅。”

《公司法》第 97 条规定：“股东有权查阅公司章程、股东名册、公司债券存根、股东大会会议记录、董事会会议决议、监事会会议决议、财务会计报告，对公司的经营提出建议或者质询。”

《最高人民法院关于适用〈中华人民共和国公司法〉若干问题的规定（四)》第 9 条规定：“公司章程、股东之间的协议等实质性剥夺股东依据公司法第三十三条、第九十七条规定查阅或者复制公司文件材料的权利，公司以此为由拒绝股东查阅或者复制的，人民法院不予支持。”

《公司法》与《最高人民法院关于适用〈中华人民共和国公司法〉若干问题的规定（四)》对股东知情权进行了相关规定，投资人作为公司的股东，享有法律规定的知情权。实践中，投资人要求的知情权往往涉及更为广泛的内容，如与创始股东约定投资人有权查阅公司会计账簿、财务凭证。这种约定虽然是股东之间的约定，但超过了法律规定的知情权范围，当公司拒绝时，投资人通过诉讼往往难以获得法院的支持。

九、董事会条款

董事会是公司治理的重要机构，能够掌握公司战略走向和具体的经营管理，因此董事会席位是控制公司、参与公司经营管理的重要筹码。董事会条款，指投资人对董事会成员组成、召开程序和表决方式等内容提出自己要求的条款。

投资者权益达到一定比重时，往往会要求向董事会派驻董事，董事会表决不采用资本多数决，而是每位董事有一个表决权，因此在席位分配上既要考虑投资人的要求，又要保持创始团队的决策权。

对于一些公司中投资人在董事会对某些重要事项的“一票否决权”，在新三板挂牌和IPO前监管部门会要求清理。这种约定其实是不符合法律的规定和精神的。对于该类条款，需要持谨慎态度。

十、估值调整条款

估值调整条款，即“Valuation Adjustment Mechanism”，又称对赌条款。由于投资方与融资方的信息不对称，双方对公司价值存在不同看法，为了避免争议，尽快达成交易，西方国家在私募股权领域的长期实践中产生了估值调整条款。通常做法是，投资方与融资方对将来公司的业绩或者是否达成某个特定事项进行对赌，如果管理团队实现预期目标，对公司估值进行调整，投资人对公司或管理团队进行股份、现金或者其他形式的奖励；如果没有实现特定目标，则创始股东、管理团队需要对投资人进行股份、现金或者其他形式的补偿。

对赌条款对于投资人来说是一种重要的风险控制措施，对于公司和创始股东来说，则面临压力甚至可能是灾难性的后果。对赌协议如果设置不当，会让管理团队提心吊胆，束手束脚，为了实现业绩增长，采取短期行为，不利于公司的长远发展。

近年来，知名企业创始人与PE对赌失败而被迫出局的例子屡见不鲜，某创始人与知名PE对赌输掉某电器企业、某创始人与知名PE对赌输掉某餐饮企业……这些惨痛的例子值得企业家引以为戒。对于融资协议，一定要有专业律师把关，否则出现问题必然“伤筋动骨”。在签订该类协议时，不能只顾拿到资金，一定要充分考虑利弊，权衡轻重后再做决定。

最高人民法院在著名的国内首例对赌协议案件——苏州海富公司诉甘肃世恒公司不履行对赌协议支付补偿款一案①中，确立了股东之间对赌有效，投资人与公司之间对赌无效这一司法裁判的基本原则。但是其他案件能否适用这项原则，

① 参见最高人民法院（2012）民提字第11号民事判决书。

还需要根据案件的具体情况而定。在商事仲裁领域，裁判规则要比法院的理念更加开放、包容，体现商业判断的效率价值。

第三节　创始股东保护

私募股权投资一方面为企业带来了发展所需要的资金，另一方面解决了资金方的投资需求，有利于统筹社会资源。但这个世界上没有无缘无故的爱，也没有无缘无故的恨，PE 带来资金的同时，也会给企业带来一些问题。

PE 投资人虽然给公司带来了发展资金，但资本的贪婪和人性的欲望决定了他们拿起股权毫不手软。

企业和投资人想要走得长远，必须要在战略、理念、管理、利益分配上达成共识。有人的地方就有江湖，一旦出现战略分歧、权力争斗，加上企业业绩不佳，就可能彻底毁灭一家前景很好的企业。创始人团队可能在某些技术、营销方面具备优势，但在法律、财务、管理、资本运营方面往往远不及专业投资机构。所以，近年来，创始人出局，资本方反客为主的例子屡见不鲜。

融资中的创始股东保护，首先要明晰的就是企业家的融资理念。

面对资本潮流，创始人应当具备独立思考的能力——我们的企业到底需不需要融资？融资的最好时机是什么时候？融资多少合适？为了融资作出一些妥协和让步到底值不值？是否符合我们的远期规划？不能看到别的企业完成了 A 轮 B 轮融资，就着急着跟风。

投资圈有一句名言，叫“投资就是投人”。这句话非常有道理，人是最大的变数，数据模型往往只能作为参考。同样的道理，对于融资方而言，也要寻找志同道合的人进行股权合作，应当寻找理念和价值观与公司的长远发展规划趋于一致的投资者。投资者进来之后，企业可能不再是一言堂，企业家应当摆正态度，尊重他们的意见，遵守商业规则，促进企业建立现代公司治理架构和规则体系。

古往今来，许许多多成功的例子告诉我们，人才是做成一件事情的关键，因为人的创造力是一切繁荣的起源，一个英明的领袖带领一群团结的人才，才能成就大事业。在处理股权融资这件事情上，创始股东应当在掌握控制权的基础上，努力让企业达成一种“人和”的状态。否则，创始股东与投资人不和，就像是夫妻间的婚姻出了问题，家庭难以实现繁荣与安宁——内部矛盾的破坏性是巨大的。

从以往投资人与创始股东决裂的案例来看，在关系恶化的情况下，甚至会发生举报企业创始人违法犯罪的事件，创始人因为职务侵占、挪用资金、行贿等罪名身陷囹圄。不仅一手创办的企业保不住，连自由都成为奢望，结果令人唏嘘。因此，企业家要洁身自好，任何时候都要知道保护自己。

保护创始股东控制权与核心利益，需要在技术角度进行相关安排。

根据本书前文的内容，创始股东应当在企业股权结构设计、公司章程制定、股东会议事规则、董事会组成及议事规则、监事会组成、投资协议特殊条款甄别等方面维护企业的控制权。当然，对于维持公司控制权，除了法律方面的内容还应注意公司的核心资源保护，如核心技术、商业渠道、知识产权、核心资产等。

目前，从投资条款清单（Term sheet）到正式协议，股权融资协议成为非常复杂的合同文本。面对投资机构复杂的投资协议等法律文件时，非专业人士不可能完全理解其中含义，更难发现其中的风险。对于股权融资，我们认为必须要聘请专业律师作为专项法律顾问。在签订重要的法律文件之前，企业家应当听取律师的意见。隔行如隔山，应让专业的人做专业的事情。在很多创始人出局的案例中，资本方其实并未违反规则，而只是利用了创始人对规则的不熟悉。创始人在这方面，除了应当加强法律意识、规则意识，还有就是找到一位专业、负责的律师。

对赌协议本身并没有错，对赌协议是相对公平的。对赌不仅要求创始人对自己企业的未来有足够的信心，还要求创始人有准确的判断力。勇敢、果断是企业家精神的内容，“富贵险中求”的机会主义精神甚至是企业家精神的精髓。但胆大也要心细，在股权融资这类重大事件上，未经过深思熟虑，“先拿到钱再说”的想法，会为今后危机的爆发埋下隐患。

【案例】

某公司股权融资协议中的对赌条款

某公司股权融资中，融资金额1个亿，有如下投资条款：“目标公司必须在本轮融资完成后5年内，实现在境内A股、香港证券交易所、纽交所、纳斯达克或者本轮投资人认可的其他证券市场首次公开发行并上市，否则本轮投资人有权要求5名创始股东按照本轮融资金额加上年复利8%的利息回购本轮投资者的股权。”

作为律师，我们会提醒客户，IPO能否成功，受到众多因素影响，宏观经济环境、公司业绩、合法合规、监管政策等都是影响因素，监管部门在某一时期甚至会暂停IPO。如此对赌，风险巨大。另外，1个亿加复利8%的利息将是一个巨大的数字，创始股东是否有能力回购是个问题。一旦该条款触发，创始股东无力回购，投资人会立即启动诉讼程序，创始股东的个人资产都会面临被查封、拍卖的风险。而且，5名创始股东中，有3名股东持股比例在5%以下，而本条款项下的回购责任却是连带责任，这对他们非常不公平。

第六章　企业上市

从当年看到深圳证券交易所成立的新闻报道时起，老秦就想着如果将来自己能有一家企业，而这家企业又能够成为上市公司就好了……

这几年公司的业绩节节攀升，自上一轮融资完成后，公司就启动了上市计划，聘请了中介机构进行辅导工作。

经过艰苦卓绝的努力，终于在老秦46岁这一年，公司的首发申请通过了证监会审核，实现了股票在证券交易所上市。

在交易所敲响钟声的那天晚上，老秦、老蒋和老陶彻夜未眠。

第一节　企业为什么要上市

资本，在经济学意义上，指的是用于生产的基本生产要素，即资金、厂房、设备、材料等物质资源。广义上，资本也可作为人类创造物质和精神财富的各种社会经济资源的总称。

融资方式包括间接融资和直接融资，间接融资以银行贷款为典型，以德日的强银行体系为代表；直接融资以股权融资为典型，以英美发达的证券市场为代表。

证券市场是资本市场最重要的组成部分，和银行一起构成了现代金融体系的核心。

从一个社会的范畴来说，实体企业进行生产活动需要大量的资金，民间资本需要寻找投资目标，实现财富的保值、增值。于是，国家着力建设一个全国范围的市场，实现二者的对接，引导民间资本往优秀的企业流动，实现资本融通和社会财富增长，最终达到国富民强的目的。这是资本市场产生和发展的的基本逻辑。

狭义的企业上市即首次公开发行（Initial Public Offerings，IPO），指企业通过证券交易所首次公开向投资者增发股票，以募集用于企业发展的资金。企业上市以后成为公众公司，股票在证券交易所公开交易，其股票具有一个市场价格，这个价格受到公司基本面以及其他因素影响，处于波动状态。公司股票上市交易的过程，其实是一个资产证券化的过程，公司首先进行股份制改造，成为股份公司，其注册资本被分为等额股份，公司的资产通过股票的形式实现证券化，然后在公开市场进行交易。在这个过程中，企业募集到发展资金，创始股东持有的股票实现巨大增值，从而获得巨额财富。

20 世纪 70 年代末，改革开放的号角响彻中华大地，人类历史上一次史诗般的经济社会变革拉开序幕。此后，在改革开放营造的良好氛围中，中国的资本市场开始萌芽与发展。与海外已经发展几百年的成熟市场不同，中国的资本市场是一个年轻的新兴市场。中国的资本市场不是自发形成的，而是在顶层设计构建的路线下发展起来的。我国资本市场的出现和发展，是中国经济从计划体制走向市场体制历程中的显著标志。这期间，虽然经历了各种坎坷，但我国资本市场的建立为实体经济提供了金融领域的强力支撑，在国民经济领域发挥了重要作用。

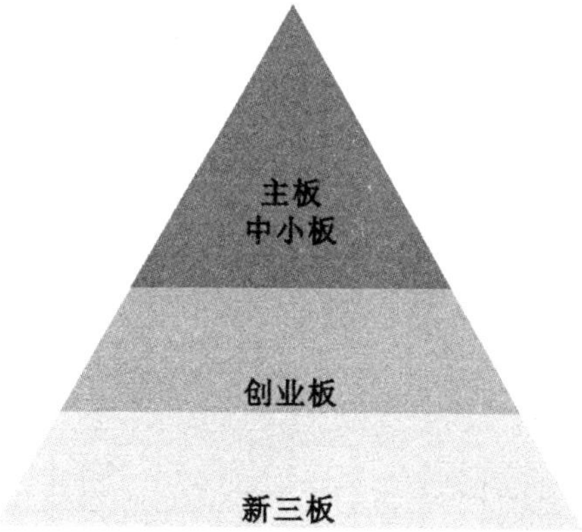

我国多层次资本市场

为保护市场上的投资者，防止系统性金融风险，登陆资本市场要求企业具有一定的规模。但是大企业是从小企业发展而来的，中小企业也具有迫切的融资需求。多层次资本市场是为适应实体经济不同层次需求而逐步形成的市场体系。随着新三板的建成，我国多层次资本市场的格局，基本形成。

上市应该是一个经过慎重考量和反复论证后的理性选择，是一个长期的战略性选择以明确发展方向和规划为前提，不能盲目跟风，不能“为了上市而上市”。因为，企业上市有其成本和代价。

公司上市本身就是一个长期、复杂的工程，需要公司和中介机构开展大量的工作，上市工作周期少则几年多则几十年。有些企业经历了3年到5年的上市工作，最终仍上市失败，对企业和创业团队的打击非常大。企业上市，意味着企业从私人公司转变为公众公司，而公众公司的行为涉及广大投资者的利益，因此需要承担更多的责任和义务。上市公司需要公开财务数据，定期公布经会计师事务所审计的财务报告。公司发生重要事件，需要及时履行信息披露义务，这对公司的公开化、透明化要求非常高。因此，一些商业模式不宜公开的企业就不能上市。

法律法规以及交易所的规则对上市公司提出更高的规范运作要求。由于财务公开，公司纳税行为就要得到规范。公司需要聘请财务顾问，法律顾问和审计机构。公司进行股票发行、重大资产重组、股权激励等资本运作，需要履行交易所规定的程序。在进行资本运作时中介机构需要单独按照项目收费，公司在运营与合规方面的成本增加。公司需要严格进行信息披露，否则可能因证券虚假陈述，遭到投资者的诉讼。

上市后大股东的控制权削弱，如果预防措施不到位，甚至会出现敌意收购、“门口的野蛮人”等问题。上市公司的股价处于波动之中，公司或者与公司相关的事件、新闻，都会影响到公司的股价，也会影响到投资者的利益，这使得上市公司有时会出现短期行为。例如，某上市公司业绩下滑，为避免财务报告难看，在年报披露前将公司名下一处房地产出售。

以上我们分析了上市的弊端，但资本市场带来的利好是远远大于其弊端的。缔造一家上市公司是无数创业者的梦想，世界上80%的优秀企业都会选择上市。好的企业登陆资本市场，就像那个比喻——如虎添翼。

对于企业和企业家来说，上市主要有以下意义：

一、实现投资者财富自由

我们创业的首要目的，是实现财务自由。普通公司估值方式单一，通常以净资产为基础估算，不能体现出企业的发展潜力。资本市场更看重的是企业未来的成长性而非过往表现。企业登陆资本市场以后，股票在证券交易所交易，竞价交易机制大大提高了公司股票的流动性，并获得市场给予它的一个价格，这个价格并不是“看得见摸不着的”，而是可以变成真金白银的，是实实在在的。当创始股东在证券交易所钟声敲响的那一刻，许多亿万富翁一夜诞生，无数人实现财务自由和财富梦想。

目前，各种财富排行榜上耀眼的富豪们，他们绝大多数资产不是其他资产，而是上市公司股票，决定他们身家的正是上市公司的业绩和在证券市场的表现。我们每个人都渴望财富自由，希望实现财富梦想，企业上市是解决这个问题最彻底的方案，因为资本市场带来的增长是几何级的，这一点上资本原始积累是望尘莫及的。

当然，要想缔造一家上市公司，应当脚踏实地地从小做起，选择市场广阔、前景光明的行业，聚集一批创业人才，经过无数艰苦卓绝的努力才能实现。而不能急功近利，“为了上市而上市”，甚至“玩概念”、“讲故事”、虚假上市，欺骗广大投资人和监管机构，那样就是走入了歧途。

二、提升企业融资能力

前已述及，吸引社会上的闲置资金向优秀的实体企业流动是一个国家建立证券市场的基本逻辑。首次公开发行和再融资，可以让企业获得海量资金，投入生产经营。这和银行融资是完全不同的，打个比喻这相当于可以直接印钱，这些钱无须归还，只需要稀释一部分股份，支付一部分融资费用。在债权融资方面，上市公司或挂牌公司可以发行公司债、企业债、可转换债、中小企业私募债等。

企业上市后，企业信用显著提升，可以用更低的成本获得银行贷款，另外由于公司股权估值显著提升，银行看到企业股权的市场化价值，更乐于提供股份质押贷款等授信业务。由此，公司获得多元化的融资渠道，综合融资能力显著提高。公司融资能力提高后，资金实力大为增强，与同行业非上市公司相比，竞争优势明显。

三、完善现代企业治理

我国民营企业中家族企业众多，许多公司尚未建立完善的现代企业管理架构和运行管理机制。传统公司管理模式并非不好，但过度依赖于大股东的个人能力。在筹备上市过程中，公司在金融、财务、法律等专业机构的辅导下，逐步建立起现代企业的组织机制和治理架构，实现所有权与经营权分离，形成有效的制衡机制和信息披露制度，提高企业经营管理水平和规范经营程度。

企业上市后，需要根据监管机构的要求继续规范经营管理，完善关联交易管理制度、对外担保管理制度、对外投资管理制度等内控制度，并按规定履行持续信息披露义务。经过一段时间的运营，企业在战略决策、经营方向、资本运作、内部管理、财务体系等层面会达到新的高度。

四、开展并购重组、股权激励

证券市场是现代金融体系的核心，拥有强大的资本运作功能。并购重组是资本市场的一个重要功能。资本市场平台的并购重组是优化资源配置、推动产业结构调整与升级的重要战略途径。上市公司通常处于行业领先地位，通过并购重组可以整合产业链上下游企业，或者兼并同行业公司巩固市场地位。随着中国企业走出去的潮流兴起，中国企业海外并购日渐繁荣，通过收购海外优秀公司，获得他们的品牌、技术、管理经验等优质资源，不仅能缔造大量的跨国公司，更能够促进民族工业进步，实现民族复兴。

上市公司股票具有市场给予的价格，对人才具有吸引力。上市公司实施限制性股票、股票期权等股权激励计划，可以强化人才管理机制。

五、提升企业形象

企业成为上市公司，知名度大大提高，获得广告效应，由此获得更多关注与机遇。我们知道，上市公司“壳资源”非常宝贵，因为上市门槛高，在具有庞大基数的市场主体中，达到上市条件的企业可谓凤毛麟角，企业要为此付出巨大努力。上市公司的身份，是一笔无形的宝贵财富，能够提升公司信用和声誉，更好地获得市场的认可。上市公司的身份，能给企业带来广告宣传效应，树立品牌形象，扩大知名度和影响力，赢得供应商和客户的信赖，获得更多的政府支持，这些都有利于公司进一步的业务拓展、产品推广、商业合作、人才引进等。

六、实现从优秀到卓越的梦想

如果说公司承载着我们的梦想，那么我们有生之年在证券交易所敲响钟声的那一刻，一定是这个梦想最辉煌的那一笔。那一刻，全世界都会看到你。作为一个创业者，很多一直以来不理解你的人，只有在那一刻才会认可你。世界上绝大多数卓越的公司，都是上市公司。人的生命是有限的，公司却可以存续下去，公司上市以后能够实现财富传承，在几百年风起云涌之间，其影响可以一直延续下去，造福这个美丽的星球。从这一点上讲，也使身为创业者、投资人的我们获得了某种意义上的永恒。

第二节　如何上市

要回答企业如何上市的问题，其实第一要点是做好你的企业。只有励精图治，做出商业模式合法合规、技术含量高、盈利能力强、市场口碑好的企业，才能实现上市。如果你的企业足够好，如你的企业做到互联网、大数据、云计算、人工智能、软件和集成电路、高端装备制造、生物医药等行业细分领域的龙头，那么上市就不是问题。监管层和交易所一般都会为你开绿灯，甚至可能为你改变政策。例如，富士康A股IPO，从递交材料到过会仅用时36天①。香港交易所因为同股不同权问题错失阿里巴巴，而后调整政策迎来小米集团②。你若盛开，蝴蝶自来。当我们的实力还不够支撑我们的理想，你要做的只有静下心来，脚踏实地地努力。

当然，提前筹划，未雨绸缪是企业家的特质。上市是一家企业的重要战略目标，为了少走弯路，企业家应当提前了解相关知识，并有意识地往正确的方向走。

中国公司上市可以选择境内上市和境外上市，境内上市包括上海证券交易所主板（中小板）和深圳证券交易所创业板上市，广义的上市还包括北京的新三板挂牌；境外上市指中国企业到境外证券交易所上市交易，主流的有香港证券交易所、纽约证券交易所、纳斯达克证券交易所、伦敦证券交易所、新加坡交易所等。

国内A股IPO，目前仍然实行核准制，中国证监会内设发行审核委员会，对申报企业进行投票表决，每次参加发审委会议的发审委委员为7名，表决投票时同意票数达到5票为通过，同意票数未达到5票为未通过。新三板由全国中小企业股份转让系统公司审核，新三板审核制度更接近注册制。

拟上市企业需要与证券公司、律师事务所、具有证券期货资质的会计师事务所、具有证券期货资质评估公司签订专项委托合同，接受中介机构辅导，就公司存在的问题进行整改，经过整改以后，由中介机构为申报企业出具相应文件。A股IPO需要会计师事务所就公司三年一期财务数据出具标准无保留意见审计报告，新三板报告期为两年一期。

---

① 《创纪录！富士康36天IPO闯关成功3500亿的巨无霸来了》，载搜狐网，http://www.sohu.com/a/225209424_118392，最后访问时间：2019年4月16日。

② 《港股改革新经济股IPO或现井喷》，载新浪网，http://k.sina.com.cn/article_6115399437_16c81970d04200254o.html?from=finance，最后访问时间：2019年5月9日。

如果公司形式为有限责任公司，应当首选进行股份制改造，即将公司形式变更为股份有限公司，因为股份有限公司的注册资本分成等额股份并可以自由转让，这是股票上市交易的基本前提。《公司法》规定的股份公司设立方式有发起设立和募集设立两种，募集设立方式在现实中几乎行不通。目前通行的做法是由会计师事务所出具审计报告，资产评估机构出具评估报告，按照原账面净资产审计值折股，整体变更为股份有限公司，不改变历史成本计价原则，公司存续时间可以从有限公司成立时起算。为了满足出资充实的要求，净资产值应当大于或等于设立后股份公司的注册资本，并保证评估值大于审计值。这是目前主流的做法，但该种方式在理论上仍存在一定争议，如无法说清到底是股东以有限公司净资产出资到股份公司还是整体变更为股份公司。

以下将当前新三板挂牌与创业板、主板和中小板上市部分条件比较如下：

标准	新三板	创业板	主板和中小板
存续时间	依法设立且存续满 2 年的股份有限公司	依法设立且持续经营 3 年以上的股份有限公司	发行人自股份有限公司成立后，持续经营时间应当在 3 年以上，但经国务院批准的除外
业务	主营业务明确，具有持续经营能力	发行人应当主要经营一种业务，其生产经营活动符合法律、行政法规和公司章程的规定，符合国家产业政策及环境保护政策 最近 2 年内主营业务没有发生重大变化	发行人的生产经营符合法律、行政法规和公司章程的规定，符合国家产业政策 最近 3 年内主营业务没有发生重大变化
股本	报告期末股本不少于 500 万元	发行后股本总额不少于 3000 万元	发行前股本总额不少于人民币 3000 万元
资产	因研发周期较长导致营业收入少于 1000 万元，要求最近一期末净资产不少于 3000 万元 报告期末每股净资产不低于 1 元/股	最近一期末净资产不少于 2000 万元，且不存在未弥补亏损	最近一期末无形资产（扣除土地使用权、水面养殖权和采矿权等后）占净资产的比例不高于 20%

续表

标准	新三板	创业板	主板和中小板
财务指标	（一）公司应在每一个会计期间内形成与同期业务相关的持续营运记录，不能仅存在偶发性交易或事项 （二）最近两个完整会计年度的营业收入累计不低于1000万元；因研发周期较长导致营业收入少于1000万元，但最近一期末净资产不少于3000万元的除外 （三）报告期末股本不少于500万元 （四）报告期末每股净资产不低于1元/股	（一）发行人是依法设立且持续经营三年以上的股份有限公司。有限责任公司按原账面净资产值折股整体变更为股份有限公司的，持续经营时间可以从有限责任公司成立之日起计算 （二）最近两年连续盈利，最近两年净利润累计不少于1000万元；或者最近一年盈利，最近一年营业收入不少于5000万元。净利润以扣除非经常性损益前后孰低者为计算依据 （三）最近一期末净资产不少于2000万元，且不存在未弥补亏损 （四）发行后股本总额不少于3000万元 中国证监会根据《关于开展创新企业境内发行股票或存托凭证试点的若干意见》等规定认定的试点企业（以下简称试点企业），可不适用前款第（二）项规定和第（三）项“不存在未弥补亏损”的规定	（一）最近3个会计年度净利润均为正数且累计超过人民币3000万元，净利润以扣除非经常性损益前后较低者为计算依据 （二）最近3个会计年度经营活动产生的现金流量净额累计超过人民币5000万元；或者最近3个会计年度营业收入累计超过人民币3亿元 （三）发行前股本总额不少于人民币3000万元 （四）最近一期末无形资产（扣除土地使用权、水面养殖权和采矿权等后）占净资产的比例不高于20% （五）最近一期末不存在未弥补亏损 中国证监会根据《关于开展创新企业境内发行股票或存托凭证试点的若干意见》等规定认定的试点企业，可不适用前款第（一）项、第（五）项规定
董事与高管	合法合规、高管独立履职	最近两年内董事、高级管理人员均没有发生重大变化	最近3年内董事、高级管理人员没有发生重大变化
实际控制人	最近2年发生变化的，需求解释原因，并说明公司是否具有持续经营能力	最近两年没有发生变更	最近3年内没有发生变更
审核制度	全国中小企业股份转让系统有限责任公司审查	证监会核准	证监会核准

一、新三板挂牌

（一）正确认识和理解新三板

“新三板”正式名称为“全国中小企业股份转让系统”。为解决“两网”系统[①]及退市公司股票流通问题，2001 年 6 月中国证监会设立代办股份转让系统，这是“老三板”。2006 年 1 月 16 日，中国证监会正式批准中关村科技园非上市股份公司进入代办转让系统进行股份报价转让试点，2012 年 7 月 8 日国务院批准设立全国中小企业股份转让系统，这就是“新三板”。

2012 年 9 月 20 日，全国中小企业股份转让系统有限责任公司成立。2013 年 1 月 16 日，全国中小企业股份转让系统正式揭牌。2013 年 12 月 13 日，国务院发布《关于全国中小企业股份转让系统有关问题的决定》(国发〔2013〕49 号)，该决定明确指出，全国股份转让系统是经国务院批准，依据证券法设立的全国性证券交易场所，主要为创新型、创业型、成长型中小微企业发展服务。境内符合条件的股份公司均可通过主办券商申请在全国股份转让系统挂牌，公开转让股份，进行股权融资、债权融资、资产重组等。申请挂牌的公司应当业务明确、产权清晰、依法规范经营、公司治理健全，可以尚未盈利，但须履行信息披露义务，所披露的信息应当真实、准确、完整。全国中小企业股份转让系统是继沪深交易所之后第三家全国性证券交易场所，与沪深交易所共同构成我国多层次资本市场体系。

新三板的推出，是一次深刻的金融普及教育，普及了企业主对证券市场的认知，大大加深了我国中小企业对资本市场和资本运营的理解。在证券交易所外进行股票、债券等证券交易的场所被称为场外市场，美国的纳斯达克（NASDAQ）被认为是场外市场的杰出代表。曾经有许多人认为新三板是“中国的纳斯达克”。新三板虽然借鉴了纳斯达克的许多做法，如通过引入做市商制度发掘股票

---

① “全国证券交易自动报价系统”（简称 STAQ 系统）和“中国证券交易系统”（简称 NET 系统）。

价值，增强股票流动性。但毕竟二者所处的地域和时代背景不同，美国证券市场已经是有几百年历史的成熟市场，成熟机构投资者众多，新三板作为一个年轻的市场，正通过各种制度尝试，努力改变存在的问题。新三板设立了较低的财务条件，要求最近两个完整会计年度的营业收入累计不低于1000万元，如果因研发周期较长导致营业收入少于1000万元，最近一期末净资产不少于3000万元即可。审核制度上，由股转公司审核，体现兼容并包、开放自主的市场化精神，更像是注册制，鼓励更多处于初创期的科技企业到资本市场的舞台。

2013年12月以来，全国中小企业股份转让系统制定并完善了多项业务制度，基本的业务规则体系已经建成，挂牌企业数量逐渐上升，至此，中国多层次资本市场的格局基本形成。过去，企业IPO往往需要经历漫长的等待时间，新三板建立之初，相关负责人曾提出符合条件的新三板挂牌企业如果要在沪深交易所上市可以直接向交易所提出申请的预想，这相当于为众多中小企业实现登陆A股的资本梦想开通了一条绿色通道，一度非常具有吸引力。

新三板市场建立以来，发展迅速，在2014年和2015年经历了空前的繁荣，挂牌公司突破一万家。但从2016年开始，由于流动性差、交易低迷等问题，新三板市场开始进入低谷。对此，监管层开始探索内部分层、竞价交易等一系列的改革措施。

新三板市场建立之初被寄予厚望，转板制度和政策扶持吸引了很多企业过来挂牌。但后续政策红利落地缓慢，股票流动性差、挂牌公司业绩参差不齐等问题，让市场上出现了很多质疑的声音。其实，新三板上通过高估值成功融资的企业大有人在，你融不到资，还是因为你的企业不够优秀。新三板作为多层次资本市场的基石，有其重要价值。

企业登陆新三板被称为挂牌，也可以理解为广义的上市，新三板企业为非上市公众公司。创新型中小企业登陆新三板，可以让中小企业分享资本市场的“盛宴”，借力资本市场平台发展自身。企业登陆新三板，可以强化其合法规范经营，增强融资能力，获得更高的估值，也可以开展并购重组，股权激励。新三板公司作为公众公司，关注度得到显著提升，规范性和诚信度得到认可，在获得市场和银行借款方面具备优势，在政府补贴、政策支持上也要优于一般企业。

（二）新三板挂牌条件

新三板的挂牌条件主要参见《全国中小企业股份转让系统业务规则（试行)》和《全国中小企业股份转让系统股票挂牌条件适用基本标准指引》等规定，以下结合上述文件对新三板挂牌条件进行分析。

1. 依法设立且存续满两年

（1）依法设立，是指公司依据《公司法》等法律、法规及规章的规定向公司登记机关申请登记，并已取得《企业法人营业执照》。

①公司设立的主体、程序合法、合规。

第一，国有企业需提供相应的国有资产监督管理机构或国务院、地方政府授权的其他部门、机构关于国有股权设置的批复文件。

国有企业应严格按照国有资产管理法律法规的规定提供国有股权设置批复文件，但因客观原因确实无法提供批复文件且符合以下条件的，在公司和中介机构保证国有资产不流失的前提下，可按以下方式解决：以国有产权登记表（证）替代国资监管机构的国有股权设置批复文件；公司股东中含有财政参与出资的政府引导型股权投资基金的，可以基金的有效投资决策文件替代国资监管机构或财政部门的国有股权设置批复文件；国有股权由国资监管机构以外的机构监管的公司以及国有资产授权经营单位的下属子公司，可提供相关监管机构或国有资产授权经营单位出具的批复文件或经其盖章的产权登记表（证）替代国资监管机构的国有股权设置批复文件；公司股东中存在为其提供做市服务的国有做市商的，暂不要求提供该类股东的国有股权设置批复文件。

第二，外商投资企业须提供商务主管部门出具的设立批复或备案文件。

第三，2005 年修改后的《公司法》生效（2006 年 1 月 1 日）前设立的股份公司，须取得国务院授权部门或者省级人民政府的批准文件。

②公司股东的出资合法、合规，出资方式及比例应符合《公司法》相关规定。

第一，以实物、知识产权、土地使用权等非货币财产出资的，应当评估作价，核实财产，明确权属，财产权转移手续办理完毕。

第二，以国有资产出资的，应遵守有关国有资产评估的规定。

第三，公司注册资本缴足，不存在出资不实情形。

（2）存续两年是指存续两个完整的会计年度。

（3）有限责任公司按原账面净资产值折股整体变更为股份有限公司的，存续时间可以从有限责任公司成立之日起计算。

整体变更不应改变历史成本计价原则，不应根据资产评估结果进行账务调整，应以改制基准日经审计的净资产额为依据折合为股份有限公司股本。公司申报财务报表最近一期截止日不得早于股份有限公司成立日。

2. 业务明确，具有持续经营能力

（1）业务明确，是指公司能够明确、具体地阐述其经营的业务、产品或服务、用途及其商业模式等信息。

（2）公司可同时经营一种或多种业务，每种业务应具有相应的关键资源要素，该要素组成应具有投入、处理和产出能力，能够与商业合同、收入或成本费用等相匹配。

（3）公司业务在报告期内应有持续的营运记录。营运记录包括现金流量、营业收入、交易客户、研发费用支出等。公司营运记录应满足下列条件：

①公司应在每一个会计期间内形成与同期业务相关的持续营运记录，不能仅存在偶发性交易或事项。

②最近两个完整会计年度的营业收入累计不低于1000万元；因研发周期较长导致营业收入少于1000万元，但最近一期末净资产不少于3000万元的除外。

③报告期末股本不少于500万元。

④报告期末每股净资产不低于1元/股。

（4）持续经营能力，是指公司在可预见的将来，有能力按照既定目标持续经营下去。

公司存在以下情形之一的，应认定为不符合持续经营能力要求：

①存在依据《公司法》第180条规定解散的情形，或法院依法受理重整、和解或者破产申请。

②公司存在《中国注册会计师审计准则第1324号——持续经营》应用指南中列举的影响其持续经营能力的相关事项或情况，且相关事项或情况导致公司持续经营能力存在重大不确定性。

③存在其他对公司持续经营能力产生重大影响的事项或情况。

3. 公司治理机制健全，合法规范经营

（1）公司治理机制健全，是指公司按规定建立股东大会、董事会、监事会和高级管理层（以下简称“三会一层”）组成的公司治理架构，制定相应的公司治理制度，并能证明有效运行，保护股东权益。

①公司依法建立“三会一层”，并按照《公司法》《非上市公众公司监督管理办法》及《非上市公众公司监管指引第3号——章程必备条款》等规定制定公司章程、“三会一层”运行规则、投资者关系管理制度、关联交易管理制度等，建立全面完整的公司治理制度。

②公司“三会一层”应按照公司治理制度进行规范运作。在报告期内的有限公司阶段应遵守《公司法》的相关规定。

③公司董事会应对报告期内公司治理机制执行情况进行讨论、评估。

④公司现任董事、监事和高级管理人员应具备《公司法》规定的任职资格，履行《公司法》和公司章程规定的义务，且不应存在以下情形：

第一，最近24个月内受到中国证监会行政处罚，或者被中国证监会采取证券市场禁入措施且期限尚未届满，或者被全国中小企业股份转让系统有限责任公司认定不适合担任挂牌公司董事、监事、高级管理人员；

第二，因涉嫌犯罪被司法机关立案侦查或者涉嫌违法违规被中国证监会立案调查，尚未有明确结论意见。

⑤公司进行关联交易应依据法律法规、公司章程、关联交易管理制度的规定履行审议程序，保证交易公平、公允，维护公司的合法权益。

⑥公司的控股股东、实际控制人及其关联方存在占用公司资金、资产或其他资源情形的，应在申请挂牌前予以归还或规范（完成交付或权属变更登记）。

占用公司资金、资产或其他资源的具体情形包括：从公司拆借资金；由公司代垫费用、代偿债务；由公司承担担保责任而形成债权；无偿使用公司的土地房产、设备动产等资产；无偿使用公司的劳务等人力资源；在没有商品和服务对价情况下其他使用公司的资金、资产或其他资源的行为。

（2）合法合规经营，是指公司及其控股股东、实际控制人、下属子公司（下属子公司是指公司的全资、控股子公司或通过其他方式纳入合并报表的公司或其他法人，下同）须依法开展经营活动，经营行为合法、合规，不存在重大违法违规行为。

①公司及下属子公司的重大违法违规行为是指公司及下属子公司最近 24 个月内因违犯国家法律、行政法规、规章的行为，受到刑事处罚或适用重大违法违规情形的行政处罚。

第一，行政处罚是指经济管理部门对涉及公司经营活动的违法违规行为给予的行政处罚。

第二，重大违法违规情形是指，凡被行政处罚的实施机关给予没收违法所得、没收非法财物以上行政处罚的行为，属于重大违法违规情形，但处罚机关依法认定不属于的除外；被行政处罚的实施机关给予罚款的行为，除主办券商和律师能依法合理说明或处罚机关认定该行为不属于重大违法违规行为的外，都视为重大违法违规情形。

第三，公司及下属子公司最近 24 个月内不存在涉嫌犯罪被司法机关立案侦查，尚未有明确结论意见的情形。

②控股股东、实际控制人合法合规，最近 24 个月内不存在涉及以下情形的重大违法违规行为：

第一，控股股东、实际控制人受刑事处罚；

第二，受到与公司规范经营相关的行政处罚，且情节严重；情节严重的界定参照前述规定；

第三，涉嫌犯罪被司法机关立案侦查，尚未有明确结论意见。

③公司及下属子公司业务如需主管部门审批，应取得相应的资质、许可或特许经营权等。

④公司及其法定代表人、控股股东、实际控制人、董事、监事、高级管理人员、下属子公司，在申请挂牌时应不存在被列为失信联合惩戒对象的情形。

⑤公司及下属子公司业务须遵守法律、行政法规和规章的规定，符合国家产业政策以及环保、质量、安全等要求。

公司及下属子公司所属行业为重污染行业的，根据相关规定应办理建设项目环评批复、环保验收、排污许可证以及配置污染处理设施的，应在申请挂牌前办理完毕；不属于重污染行业的，但根据相关规定必须办理排污许可证和配置污染处理设施的，应在申请挂牌前办理完毕。

⑥公司财务机构设置及运行应独立且合法合规，会计核算规范。

第一，公司及下属子公司应设有独立财务部门，能够独立开展会计核算、作出财务决策。

第二，公司及下属子公司的财务会计制度及内控制度健全且得到有效执行，会计基础工作规范，符合《会计法》《会计基础工作规范》以及《公司法》《现金管理条例》等其他法律法规要求。

第三，公司应按照《企业会计准则》和相关会计制度的规定编制并披露报告期内的财务报表，在所有重大方面公允地反映公司的财务状况、经营成果和现金流量，财务报表及附注不得存在虚假记载、重大遗漏以及误导性陈述。

公司财务报表应由具有证券期货相关业务资格的会计师事务所出具标准无保留意见的审计报告。财务报表被出具带强调事项段的无保留审计意见的，应全文披露审计报告正文以及董事会、监事会和注册会计师对强调事项的详细说明，并披露董事会和监事会对审计报告涉及事项的处理情况，说明该事项对公司的影响是否重大、影响是否已经消除、违反公允性的事项是否已予纠正。

第四，公司存在以下情形的应认定为财务不规范：

1）公司申报财务报表未按照《企业会计准则》的要求进行会计处理，导致重要会计政策适用不当或财务报表列报错误且影响重大，需要修改申报财务报表（包括资产负债表、利润表、现金流量表、所有者权益变动表）；

2）因财务核算不规范情形被税务机关采取核定征收企业所得税且未规范；

3）其他财务信息披露不规范情形。

4. 股权明晰，股票发行和转让行为合法合规

（1）股权明晰，是指公司的股权结构清晰，权属分明，真实确定，合法合规，股东特别是控股股东、实际控制人及其关联股东或实际支配的股东持有公司的股份不存在权属争议或潜在纠纷。

①公司的股东不存在国家法律、法规、规章及规范性文件规定不适宜担任股东的情形。

②申请挂牌前存在国有股权转让的情形，应遵守国资管理规定。

③申请挂牌前外商投资企业的股权转让应遵守商务部门的规定。

（2）股票发行和转让合法合规，是指公司及下属子公司的股票发行和转让依法履行必要内部决议、外部审批（如有）程序。

①公司及下属子公司股票发行和转让行为合法合规，不存在下列情形：

第一，最近36个月内未经法定机关核准，擅自公开或者变相公开发行过证券；

第二，违法行为虽然发生在36个月前，目前仍处于持续状态，但《非上市公众公司监督管理办法》实施前形成的股东超200人的股份有限公司经中国证监会确认的除外。

②公司股票限售安排应符合《公司法》和《全国中小企业股份转让系统业务规则（试行）》的有关规定。

（3）公司曾在区域股权市场及其他交易市场进行融资及股权转让的，股票发行和转让等行为应合法合规；在向全国中小企业股份转让系统申请挂牌前应在区域股权市场及其他交易市场停牌或摘牌，并在全国中小企业股份转让系统挂牌前完成在区域股权市场及其他交易市场的摘牌手续。

5. 主办券商推荐并持续督导

（1）公司须经主办券商推荐，双方签署了《推荐挂牌并持续督导协议》。

（2）主办券商应完成尽职调查和内核程序，对公司是否符合挂牌条件发表独立意见，并出具推荐报告。

6. 全国股份转让系统公司要求的其他条件

其他条件参见全国股份转让系统公司的其他规范性文件，并参考IPO的审核逻辑和原则。主要涉及公司及行业前景、财务规范性、内控制度有效性、公司独立性、关联交易与同业竞争、资质与许可、环境保护、重大诉讼、劳动用工等问题。

二、境内A股上市

目前，企业要想登陆A股市场，只有向中国证监会提交IPO申请和借壳上市两条途径。

（一）IPO申请

1. IPO审核逻辑

国内主板和创业板上市条件主要见于《首次公开发行股票并上市管理办法》

（2018 年 6 月 6 日）、《首次公开发行股票并在创业板上市管理办法》（2018 年 6 月 6 日）以及中国证监会和证券交易所的其他规范性文件。

IPO 财务指标主要内容如下：

《首次公开发行股票并上市管理办法》第 26 条："发行人应当符合下列条件：（一）最近 3 个会计年度净利润均为正数且累计超过人民币 3000 万元，净利润以扣除非经常性损益前后较低者为计算依据；（二）最近 3 个会计年度经营活动产生的现金流量净额累计超过人民币 5000 万元；或者最近 3 个会计年度营业收入累计超过人民币 3 亿元；（三）发行前股本总额不少于人民币 3000 万元；（四）最近一期末无形资产（扣除土地使用权、水面养殖权和采矿权等后）占净资产的比例不高于 20%；（五）最近一期末不存在未弥补亏损。中国证监会根据《关于开展创新企业境内发行股票或存托凭证试点的若干意见》等规定认定的试点企业（以下简称试点企业），可不适用前款第（一）项、第（五）项规定。"

《首次公开发行股票并在创业板上市管理办法》第 11 条："发行人申请首次公开发行股票应当符合下列条件：（一）发行人是依法设立且持续经营三年以上的股份有限公司。有限责任公司按原账面净资产值折股整体变更为股份有限公司的，持续经营时间可以从有限责任公司成立之日起计算；（二）最近两年连续盈利，最近两年净利润累计不少于一千万元；或者最近一年盈利，最近一年营业收入不少于五千万元。净利润以扣除非经常性损益前后孰低者为计算依据；（三）最近一期末净资产不少于二千万元，且不存在未弥补亏损；（四）发行后股本总额不少于三千万元。中国证监会根据《关于开展创新企业境内发行股票或存托凭证试点的若干意见》等规定认定的试点企业（以下简称试点企业），可不适用前款第（二）项规定和第（三）项'不存在未弥补亏损'的规定。"

最近一段时间，在 IPO 被否决的企业中，被否决原因主要可以概括为：行业或公司前景存疑，盈利模式或商业模式不被认可，业务经营不合规，内控有效性存在缺陷，会计基础工作不规范，信息披露存在瑕疵，持续盈利能力存疑。IPO 和新三板挂牌的审核逻辑其实是差不多的，只是标准上 IPO 更高，新三板要求持续经营，主板创业板要求持续盈利。审核的核心逻辑在于：真实、合法规范、持续盈利能力、国家鼓励产业等几个方面。

"真实"包含业务真实、财务数据真实。"合法规范"指商业模式、盈利方式、历史沿革、环保、资质、工商、消防、税务、劳动、商业贿赂等方面符合法律、行政法规和规范性法律文件的规定，关联交易、同业竞争是否控制在合理范围内并不会影响利润真实性或产生利益输送？募集资金运用是否合理？财务规范性，财务与非财务信息的匹配，公司治理和财务内控是否合规？IPO审核逻辑不是唯利润论成败，“真实、合法规范”是前提条件，近年来企业净利润低于3000万元而通过和企业高净利润未通过的例子并不罕见。

“持续盈利能力”包括的内容有：公司财务指标达到上市公司标准，具有较强的盈利能力，重要资产没有瑕疵或纠纷，没有严重的客户依赖，没有大额对外担保，没有影响公司持续经营的重大不利因素等。财务指标是能否上市的关键，财务指标刚刚过线往往容易被否，实际审核中主板上市一般要求净利润6000万元以上。当然，还要看公司所处的行业和公司的实际情况。如果公司处于新兴战略行业，研发能力强，技术含量高，只是暂时尚未大规模盈利，这种情况下，即使刚刚过线，也有很多成功的案例。

行业非常重要，一国资本市场建立的基本逻辑是支持优秀实体企业的发展，所以申请上市所处行业的企业应当符合国家产业战略发展方向。随着中国进入工业化的后期，依靠劳动力和能源消耗的发展模式渐渐失去竞争力，经济转型升级任务迫在眉睫。国家鼓励和呼吁各种新技术、新模式、新业态的新经济企业的出现。典型行业如互联网、大数据、云计算、人工智能、软件和集成电路、高端装备制造、生物医药等。这些行业，具有高技术含量，高附加值，是一国GDP从体量到质量转变的关键领域。过去几年，互联网行业取得巨大成功，我国出现了一大批优秀的互联网公司，中国在互联网领域取得的成就在世界上处于领先地位。互联网企业之所以能够取得如此成就，主要原因是互联网经济可以突破时间和空间的限制，面向无数不特定的对象开展经营，能够大批量发展客户，产生巨额销售收入。

传统行业如纺织、房地产行业和合规性存在争议的行业如游戏、类金融行业上市难度较大。夕阳行业，即将被技术变革取代的行业也难以上市。例如，某铅酸电池公司上市被否，理由是该行业可能会被锂电池和其他电池行业取代。另外，公司所处行业市场体量过小的行业，或者具有明显地域特征的，也难以上市。当然，传统行业也不是完全没有机会，传统行业借助新技术、新商业模式也可以焕发青春。例如，纺织企业研发出新材料作为纺织面料，传统企业借助互联网，衍生出新的经济模式等。

境内 IPO 流程大致可以分为尽职调查与整改，股改、上市辅导及申报材料准备、证监会审核、发行上市、持续督导等几个阶段。首先，公司聘请中介机构开展尽职调查，找出公司存在的问题并进行整改；其次，进行审计、评估，律师制作股改的会议文件和协议进行股份制改造，并取得股份公司营业执照；最后，建立公司治理架构和各项内控制度，确定募资投资项目。

对实际控制人、主要股东和“董监高”（董事、监事和高级管理人员，下同）进行辅导，并报地方证监局验收，政府部门出具核查意见；证券公司内核，出具发行保荐书；之后，向证监会提交申请文件，获得证监会的受理函；预披露招股说明书；主板中小板向国家发改委征求意见；更新招股书，初审会审核，发审会审核，封卷和会后事项；证监会核准；再然后，确定发行方案，路演，向证券交易所提交文件，向中登公司提交文件，股票发行并上市交易；证券公司持续督导。

2. 重点具体问题列举

（1）历史沿革中与股权有关的问题

股权是一家公司的内在基础，股权不稳，再好的公司也会分崩离析。无论是新三板还是 IPO，公司股权明晰、无纠纷都是一个基本的要求，公司股权演变脉络应当连续、清晰。股权问题存在瑕疵，需要彻底解决，否则会构成上市障碍。自有限责任公司设立以来，历次出资都应当到位，进行验资（2014 年之前），历次股权转让应当支付对价，办理变更登记，缴纳税费，向股东以外的主体转让股权的，其他股东放弃优先购买权；历次增资、减资履行股东会决议等相关程序。存在股权代持的，应当还原，存在股权质押的，应当解除质押。

上市公司必须是股份公司，所以有限公司首先要变更为股份有限公司。上市主体必须是依法设立且合法存续的股份有限公司，持续经营时间应当在 3 年以上。股改过程难以逆转，必须保证合法合规。股改需要签署律师制作的股改文件，包括有限公司股东会决议、发起人协议、股份公司章程、创立大会文件等。按照审计报告确定的净资产审计值，用原账面净资产值折股，整体变更为股份有限公司，不改变历史成本计价原则，这样公司经营时间可以连续计算，即 3 年以上的时间要求，可以从有限公司成立时开始计算。为保证资本充足，通常要求评估报告载明的评估值高于审计报告载明的审计值。然后办理工商变更登记，取得股份公司营业执照。股改过程中，会涉及资本公积和未分配利润转增股本问题，需要依法缴纳所得税并取得完税证明。

涉及国有、集体企业改制的，应当履行报批、审批、清产核资、审计、评估、产权交易所转让等程序。改制存在瑕疵的，申报新三板，需要取得县级以上人民政府对历史上国有、集体企业改制情况进行确认的函，申报 IPO 的，需取得省级以上人民政府的确认函。涉及外商投资、外资转内资、内资转外资等情形的，应当履行外资审批、备案程序。

如果历史上曾经发生股东离婚、死亡等特殊情况的，应当注意该情况对公司股权连续、稳定的影响。

【案例】

某公司上市前创始股东离婚

原某互联网公司创始人兼 CEO 离婚诉讼案件中，在该公司提交上市申请后不久，创始人前妻起诉要求分割夫妻共同财产，此时该公司已经完成多轮融资，在诉讼中其前妻申请保全冻结了公司部分股份，导致该公司错过了上市的最佳时机。这场著名的离婚诉讼引发投资界的广泛思考，投资机构开始在投资合同中加入对创始人婚姻情况进行约定的相关条款。

根据《公司法》的规定，在公司章程没有另行规定的情况下，自然人股东死亡，股东身份发生继承。

【案例】

某公司历史上发生过股东意外去世

多年前 A 公司历史上一自然人股东发生交通事故意外身亡，现该公司拟申报 IPO。律师核查公司工商档案发现，档案中该股东股权转让协议签订的时间晚于该股东死亡的时间。显然，股权转让协议为公司其他人员代签。为确保公司股权明晰、无纠纷，律师起草了《股权转让协议》和《确认书》，由该自然人股东法定继承人与其他股东、公司等相关主体签订。

（2）关联交易

关联交易是上市审核无法回避的一个问题，上市前必须要规范。关联交易指公司与关联方发生经济往来，常见的关联交易有关联方采购、关联方销售、关联方担保、关联方租赁等。关联交易影响公司业务的独立性和真实性，并存在利益输送的可能，因此关联交易越少越好，如果不能避免，应当控制在合理范围内，并在审批程序、交易流程、公允定价、文书单据等方面严格管理。关联方是一个没有明确边界的概念，对此须进行实质审查，不局限于常见的关联关系，不能有隐藏、遗漏的关联交易。注意核查是否存在关联交易非关联化行为。

关联交易是一个明显的上市“减分”项，如果关联交易过多，项目被否的可能性极大。所以，对待关联交易应当通过收购、合并等方式解决。少量的关联交易可以解释其必要性、合理性和公允性。

关联交易不仅是企业上市才会遇到的问题，公司治理中也经常遇到关联交易问题。实践中经常发生大股东、企业高管利用关联交易进行利益输送，为自己利益损害公司利益和其他股东利益。对中小股东利益的保护，是优化营商环境的重要内容。

《最高人民法院关于适用〈中华人民共和国公司法〉若干问题的规定（五）》第 1 条规定：“关联交易损害公司利益，原告公司依据公司法第二十一条规定请求控股股东、实际控制人、董事、监事、高级管理人员赔偿所造成的损失，被告仅以该交易已经履行了信息披露、经股东会或者股东大会同意等法律、行政法规或者公司章程规定的程序为由抗辩的，人民法院不予支持。公司没有提起诉讼的，符合公司法第一百五十一条第一款规定条件的股东，可以依据公司法第一百五十一条第二款、第三款规定向人民法院提起诉讼。”第 2 条规定：“关联交易合同存在无效或者可撤销情形，公司没有起诉合同相对方的，符合公司法第一百五十一条第一款规定条件的股东，可以依据公司法第一百五十一条第二款、第三款规定向人民法院提起诉讼。”

根据以上规定，关联交易不仅要符合公司章程规定的决策程序，还应当做到实质公允。

（3）同业竞争

同业竞争也是上市前必须要规范的问题。同业竞争指公司或者控股股东、实际控制人或者大股东或者“董监高”在外经营与公司相同或相似并存在竞争的业务。同业竞争影响公司的独立性和竞争能力，并存在利益输送的可能，因此同业竞争应该严格限制。

目前，IPO审核同业竞争问题主要是针对控股股东、实际控制人及其直系亲属。和处理关联交易的思路相似，对于同业竞争，应当首选采用更为彻底的解决方案，如注销相关主体，或者收购、合并等方式。

（4）土地、厂房问题

生产型企业申报IPO，应当具备自有土地和厂房，产权证书齐备，土地性质原则上为国有建设用地，土地应当符合用地规划，厂房应符合规划、施工、消防、环保等完整报批手续。对于违章建筑，存在被拆除的风险，非主体部分使用违章建筑，通过合理解释可以被容忍。如果主体部分使用违章建筑，则需要重新寻找经营用房。

实践中，比较常见的是公司使用集体土地合法合规性的问题。我国土地法律法规和政策受到各种因素的影响，比较复杂。与企业用地相关的主要为集体土地转建设用地、农用地转非农用地、集体经营性建设用地流转等问题。对待拟上市企业使用集体土地问题，应当以法律法规为基础，结合地方规范性文件以及相关程序瑕疵的历史形成原因，采取补救措施并进行合理解释。

《土地管理法》第43条规定："任何单位和个人进行建设，需要使用土地的，必须依法申请使用国有土地；但是，兴办乡镇企业和村民建设住宅经依法批准使用本集体经济组织农民集体所有的土地的，或者乡（镇）村公共设施和公益事业建设经依法批准使用农民集体所有的土地的除外。前款所称依法申请使用的国有土地包括国家所有的土地和国家征收的原属于农民集体所有的土地。"

《土地管理法》第44条规定："建设占用土地，涉及农用地转为建设用地的，应当办理农用地转用审批手续。省、自治区、直辖市人民政府批准的道路、管线工程和大型基础设施建设项目、国务院批准的建设项目占用土地，涉及农用地转为建设用地的，由国务院批准。在土地利用总体规划确定的城市和村庄、集镇建设用地规模范围内，为实施该规划而将农用地转为建设用地的，按土地利用年度计划分批次由原批准土地利用总体规划的机关批准。在已批准的农用地转用范围内，具体建设项目用地可以由市、县人民政府批准。本条第二款、第三款规定以外的建设项目占用土地，涉及农用地转为建设用地的，由省、自治区、直辖市人民政府批准。"

《土地管理法》第60条规定："农村集体经济组织使用乡（镇）土地利用总

体规划确定的建设用地兴办企业或者与其他单位、个人以土地使用权入股、联营等形式共同举办企业的，应当持有关批准文件，向县级以上地方人民政府土地行政主管部门提出申请，按照省、自治区、直辖市规定的批准权限，由县级以上地方人民政府批准；其中，涉及占用农用地的，依照本法第四十四条的规定办理审批手续。按照前款规定兴办企业的建设用地，必须严格控制。省、自治区、直辖市可以按照乡镇企业的不同行业和经营规模，分别规定用地标准。"

《土地管理法》第63条规定："农民集体所有的土地的使用权不得出让、转让或者出租用于非农业建设；但是，符合土地利用总体规划并依法取得建设用地的企业，因破产、兼并等情形致使土地使用权依法发生转移的除外。"

《农村土地承包法》第52条规定："发包方将农村土地发包给本集体经济组织以外的单位或者个人承包，应当事先经本集体经济组织成员的村民会议三分之二以上成员或者三分之二以上村民代表的同意，并报乡（镇）人民政府批准。由本集体经济组织以外的单位或者个人承包的，应当对承包方的资信情况和经营能力进行审查后，再签订承包合同。"

《乡镇企业法》第2条规定："本法所称乡镇企业，是指农村集体经济组织或者农民投资为主，在乡镇（包括所辖村）举办的承担支援农业义务的各类企业。前款所称投资为主，是指农村集体经济组织或者农民投资超过百分之五十，或者虽不足百分之五十，但能起到控股或者实际支配作用。乡镇企业符合企业法人条件的，依法取得企业法人资格。"

因此，依据法律规定，能够将农民集体所有的土地，直接转化为建设用地的，仅限于以下特定情形：村民建设住宅；兴办乡镇企业；乡（镇）村公共设施和公益事业建设；省、自治区、直辖市人民政府批准的道路、管线工程和大型基础设施建设项目；在土地利用总体规划确定的城市和村庄、集镇建设用地规模范围内，为实施该规划而将农用地转为建设用地的情形。

除此以外，使用集体土地作为建设用地，集体土地必须先经国家征用，转化为国有土地后，再进行有偿转让。由于《土地管理法》实施的时间较早，一些内容已经与近年来产生的大量用地需求实际不符。从中央政策，到地方的规范性文件，对农村集体经营性建设用地入市流转进行了一些探索。

中央政策包括《国务院关于深化改革严格土地管理的决定》（国发〔2004〕

28号)、《中共中央关于推进农村改革发展若干重大问题的决定》《国土资源部关于促进农业稳定发展农民持续增收推动城乡统筹发展的若干意见》(国土资发〔2009〕27号)、十八届三中全会《中共中央关于全面深化改革若干重大问题的决定》等,地方规范性文件如《苏州市农村集体存量建设用地使用权流转管理暂行办法》《广东省集体建设用地使用权流转管理办法》等。

近年来,土地“三权分置”改革逐渐得到推行,即将土地的所有权、承包权、经营权分置,并允许经营权流转。这是继家庭联产承包责任制至后,农村土地的又一项重大改革。这种市场化的做法,有利于盘活农村土地资源,促进农村发展,改善农民生活水平。

目前来看,企业使用集体建设用地,要达到合法、合规的要求,应当注意以下问题:土地使用不违反各级规划;需要签订书面合同并支付对价;流转须经本集体经济组织成员的村民会议三分之二以上成员或者三分之二以上村民代表的同意;携带资料向市、县人民政府土地行政主管部门申请办理土地登记并领取相关权属证明;集体建设用地使用权出让、出租用于旅游、娱乐等商业项目的,应当参照国有土地使用权公开交易的规定,履行招拍挂等程序。

IPO审核中,企业用于生产经营的土地、厂房合规问题是十分重要的,如果权属存在瑕疵,或者房屋建设手续不全,可能影响公司持续经营能力。对于一部分非主体的土地、厂房存在合规问题的,不构成上市障碍。对于土地、厂房问题,一般通过补缴出让金、租金,补正程序,获得政府批文,另行安排合规土地、厂房等方法进行规范。

(5)环保问题

美国作家蕾切尔·卡逊在20世纪中叶创作的《寂静的春天》一书,曾唤起无数人的环境保护意识,让进入工业化时代的人们开始思考人类社会的发展问题。中国已经进入工业化的后期,以往消耗资源、污染环境的粗放式发展模式渐渐走到尽头。政府和民众开始意识到破坏环境带来的各种恶果。

环保措施是否合法、合规也成为公司上市审核中重点关注的问题。如果历史上企业及其主管或直接责任人员曾经遭受环保主管部门的行政处罚或者因环境污染事故遭受刑事处罚,会严重影响企业上市。IPO环保审核涉及企业环保手续、环保设备运行、环保费用支出、行政处罚等方面。

根据企业所处的行业和经营的业务，会判断企业是否属于重污染行业。根据相关法规的规定办理建设项目环评批复、环保验收、排污许可证以及配置污染处理设施的，应在申报前办理完毕；如公司尚有在建工程，则应按照建设进程办理完毕相应环保手续。

建设项目环保审批的流程分三个步骤：建设前，建设项目环境影响评价审批；建成后，建设项目试生产申请；试生产后，建设项目竣工环保验收，包括"三同时"①；验收后，办理排污许可证。如果是在建项目，则应按照上述几个阶段的要求履行相应的环保手续。《环境影响评价法》对环评批复的机关、流程、内容等做了明确的规定。

2017 年 7 月，国务院发布关于修改《建设项目环境保护管理条例》的决定，对《建设项目环境保护管理条例》进行了修改。简化了建设项目环境保护审批事项和流程，将环境影响登记表改为备案制，删除环境影响评价单位的资质管理。明确审批、备案环境影响评价文件，进行技术评估，不得向企业收取任何费用。取消建设项目环境保护设施竣工验收审批，将环保设施的竣工验收主体由环保行政部门调整为建设单位，加强环保部门的事中和事后监督工作。

建设项目需要配套建设的环境保护设施，必须与主体工程同时设计、同时施工、同时投产使用。建设单位应当将环境保护设施建设纳入施工合同，保证环境保护设施建设进度和资金。分期建设、分期投入生产或者使用的建设项目，其相应的环境保护设施应当分期验收。

排污许可证是国家对在生产经营过程中排放废气、废水、产生环境噪声污染和固体废物的行为实行许可证管理，其性质属于行政许可。

企业的主要污染物总量控制、污染物排放、工业固体废物处置和危险废物、环保设施运行均要达到环保部门相关文件的要求。此外，作为拟上市公司，企业应当建立环境管理机构和环境管理制度，建立环境风险管理和事故应急机制。对于历史上发生过环境污染事故的企业，要在申报 IPO 前做好环境修复工作，并建立相关机制杜绝再次发生类似事故。

---

① "三同时"即建设项目需要配套建设的环境保护设施，必须与主体工程同时设计、同时施工、同时投产使用。

除上文提到的法律、法规，企业环保合法合规，还应当符合《环保法》《大气污染防治法》《水污染防治法》《固体废物污染环境防治法》《海洋环境保护法》《放射性污染防治法》《放射性同位素与射线装置安全和防护管理办法》《噪声污染防治法》《海洋石油勘探开发环境保护管理条例》等法律法规的规定。另外，各地区环保相关政策及实践情况不同，对待企业相关行为的容忍度也不同，应注意遵守地方环保政策。环境保护已成为上市审核的重点内容，企业应从源头开始规范，中介机构做好充分核查工作。

（6）商业贿赂问题

《反不正当竞争法》第 7 条规定："经营者不得采用财物或者其他手段贿赂下列单位或者个人，以谋取交易机会或者竞争优势：（一）交易相对方的工作人员；（二）受交易相对方委托办理相关事务的单位或者个人；（三）利用职权或者影响力影响交易的单位或者个人。经营者在交易活动中，可以以明示方式向交易相对方支付折扣，或者向中间人支付佣金。经营者向交易相对方支付折扣、向中间人支付佣金的，应当如实入账。接受折扣、佣金的经营者也应当如实入账。经营者的工作人员进行贿赂的，应当认定为经营者的行为；但是，经营者有证据证明该工作人员的行为与为经营者谋取交易机会或者竞争优势无关的除外。"

此外，商业贿赂在某些情况下会构成刑法上的行贿，与之相关的罪名有：非国家工作人员受贿罪、对非国家工作人员行贿罪。

长期以来，由于医药医疗行业的特殊性，医药购销环节复杂，药品流通环节经销商众多，药品价格成分因素众多，实践中，易产生商业贿赂问题。近年来，多家医药企业因不能合理解释费用支出异常而被发审委否决。监管层对财务数据中费用支出的异常情况会产生合理怀疑，并要求企业进行解释说明，如果企业不能作出合理解释，会被怀疑存在商业贿赂情形。

目前，药品、医疗器材的销售主要有两种模式：一是自主销售即直销模式，二是代理销售即经销商模式，经销商模式在实践中被广泛采用。很多情况下，药品和医疗器材要经过层层代理，才能销售到终端医院和患者手中，这导致许多药品和医疗器材价格过高。2016 年 12 月 26 日，国家发展和改革委员会等部门联合印发《关于在公立医疗机构药品采购中推行"两票制"的实施意见（试行）》。推行的"两票制"是指药品或医疗器材从生产企业销往一级经销企业开一次发票，经销企业销往医疗机构再开一次发票。这是在药品流通环节上的重要尝试，目的在于减少流通环节，降低终端价格，保证用药安全，优化药品购销秩序，同时促进医药企业重视研发，提高产品竞争力。

医药企业IPO审查中，对销售环节的核查将严格要求，销售费用、业务模式、中介公司资质等环节的合法合规性将被重点关注。这要求医药企业通过提高核心竞争力而不是“潜规则”来争取市场，这有利于整个行业朝着健康、规范的方向发展。

企业申报IPO，合法合规性的要求是先于财务要求的，实质性法律问题将直接决定企业能否通过审核。真正伟大的企业，一定是立足长远，通过提高产品和服务的核心竞争力来赢得市场。企业应当建立起防止商业贿赂发生的完整内控制度，避免让这个问题成为公司登陆资本市场的障碍。

（7）财务问题

业绩达标是企业上市的基本要求，业绩达标的前提是业绩真实，因此会计基础工作规范性和内控制度有效性非常重要。IPO财务审核的重点在于收入、成本、利润的真实性，内控制度的有效性和会计基础的规范性，会计处理的谨慎性等。常见关注点有：收入确认方式，现金交易，第三方收款，经销商模式，关联方和关联交易，函证实施过程，销售费用占比、变化以及与同行业公司比较，应收账款周转率，存货周转率，研发费用资本化，股份支付，大额费用性开支，大额外汇资金流动，毛利率变化与比较，会计估计变更等。财务数据之间的匹配性和勾稽关系要经得起推敲。除了财务报表，表外信息、商业逻辑、行业特征、宏观经济因素也是监管层考虑的深层次问题。

例如，发行人营业收入中通过经销商模式取得的比重较大时，监管层会关注经销商布局的合理性，发行人对经销商的管理，经销商与发行人的关联关系，经销商的经营情况，销售去向及真实性，退换货情况，经销商变化带来的会计处理等问题。

防止财务操控是财务审核的重点内容之一，监管层会关注公司的财务报表编制是否符合会计准则的规定，会计处理是否谨慎，收入确认方式是否合理，经营数据与商品供产销流程是否匹配，能否客观反映经济实质，多角度分析毛利率并与其他指标对比分析，业绩异常波动，会计政策对公司业绩的影响，前五大客户和前五大供应商，利用跨期确认平滑业绩，审计期内的新增客户、新增供应商是否合理等问题。

面对巨大的利益诱惑，企图造假上市的大有人在，其中主要方式是财务造假。A 股历史上发生过多起财务造假案，其中多家农业企业造假上市的案例较为典型。从动机上讲，农业企业业绩增长慢，利润率低，又容易受到自然和其他原因影响发生波动，企业上市带来的巨大利益让这些原本业绩不达标的企业选择铤而走险。从行业特性上讲，农业行业存在大量个人往来和现金交易，存货难以核算。造假企业会通过资金循环，虚构销售业务，虚构存货、固定资产和在建工程，再加上开立大量银行账户，私刻银行印章等多种手段综合运用，实施体系性造假。

人说了一个谎言以后，就要通过无数个谎言来圆这个谎，企业亦如是。从以往的案例看，蒙混过关上市以后，这些造假的企业往往出现业绩严重下滑的情况，为了将虚增部分彻底做实，摆脱无休止地修补，他们多会选择通过某个自然灾害或市场波动实施巨额冲销。这些负面的例子，造成了严重的不良影响，导致社会对资本市场的不信任，影响整个市场的健康发展。

企业选择上市这条道路应该端正好心态，做好“打持久战”的准备，切不可急功近利。只要公司行业选择正确，商业模式合法，具备核心竞争力，没有实质性法律障碍，业绩增长具有明显预期，那么完成上市只是时间问题。财务指标是实现上市的重要条件，但不能盲目，无视经济周期波动的业绩增长并不被看好。例如，毛利率异常是财务造假重要的外在特征，会被重点关注。即使目前财务数据仅能达到及格线或者报告期出现过业绩下滑，只要能够合理解释并让人看到业绩增长预期，都有可能获得认可。总之，IPO 成功的关键在于企业在重大实质性问题上方向正确，财务数据达标并能稳步增长。

3. 关于科创板上市

2019 年 1 月 31 日，证监会发布《关于在上海证券交易所设立科创板并试点注册制的实施意见》。2019 年 3 月 1 日，证监会发布《科创板首次公开发行股票注册管理办法（试行）》和《科创板上市公司持续监管办法》，这意味着上海证券交易所正式设立科创板，我国资本市场注册制改革取得实质进展。

科创板的定位是面向世界科技前沿、面向经济主战场、面向国家重大需求。优先支持符合国家战略，拥有关键核心技术，科技创新能力突出，主要依靠核心技术开展生产经营，具有稳定的商业模式，市场认可度高，社会形象良好，具有较强成长性的企业。

科创板的推出是我国资本市场改革的重大尝试，不同于发审委核准制，科创板实行注册制，由企业向上海证券交易所申报材料，中国证监会注册，以信息披露为核心，强调各方主体诚信参与市场，通过市场化的方式运营。

科创板的推出是为了落实当前实施的创新驱动国家战略，增强资本市场对提高我国关键核心技术创新能力的服务水平，促进高新技术产业和战略新兴产业发展，支持上海建设国际金融中心和科技创新中心，完善资本市场基础制度，推动高质量发展。

根据《上海证券交易所科创板股票发行上市审核规则》，科创板财务指标如下：

申请首次发行上市的，至少符合下列中的一项：

（1）预计市值不低于人民币 10 亿元，最近两年净利润均为正且累计净利润不低于人民币 5000 万元，或者预计市值不低于人民币 10 亿元，最近一年净利润为正且营业收入不低于人民币 1 亿元；

（2）预计市值不低于人民币 15 亿元，最近一年营业收入不低于人民币 2 亿元，且最近三年累计研发投入占最近三年累计营业收入的比例不低于 15%；

（3）预计市值不低于人民币 20 亿元，最近一年营业收入不低于人民币 3 亿元，且最近三年经营活动产生的现金流量净额累计不低于人民币 1 亿元；

（4）预计市值不低于人民币 30 亿元，且最近一年营业收入不低于人民币 3 亿元；

（5）预计市值不低于人民币 40 亿元，主要业务或产品需经国家有关部门批准，市场空间大，目前已取得阶段性成果。医药行业企业需至少有一项核心产品获准开展二期临床试验，其他符合科创板定位的企业需具备明显的技术优势并满足相应条件。

前款所称净利润以扣除非经常性损益前后的孰低者为准，所称净利润、营业收入、经营活动产生的现金流量净额均指经审计的数值。

尚未在境外上市的红筹企业，申请发行股票或存托凭证并在科创板上市的，市值及财务指标应当至少符合下列上市标准中的一项：

（1）预计市值不低于人民币 100 亿元；

（2）预计市值不低于人民币 50 亿元，且最近一年营业收入不低于人民币 5 亿元。

存在表决权差异安排，至少符合下列之一标准：

（1）预计市值不低于人民币100亿元；

（2）预计市值不低于人民币50亿元，且最近一年营业收入不低于人民币5亿元。

（二）借壳上市

目前，企业要想上市，除了IPO，还有“借壳”一条路可以选择。所谓“借壳”，即非上市公司股东取得上市公司控制权，将非上市公司资产置入市值较低的上市公司，实现上市的一种方法。当经济发展下行，上市公司普遍出现业绩下滑时，会出现较多低市值公司，非公众公司有更多壳资源可以选择。

“借壳”是重大资产重组的一种形式，典型模式如下：

A公司是一家规模和业绩非常好的有限公司，A公司股东一直有上市的打算，但苦于IPO“排队”太慢以及担心未来几年市场变化带来的不确定风险，于是决定通过“借壳”实现上市的目的。B公司是一家连年亏损的上市公司，A公司与B公司达成借壳上市的约定。B公司发行股份收购A公司，A公司股东用A公司股权认购，由于A公司资产远大于B公司，A公司股东取得上市公司B公司控制权，A公司成为上市公司B公司的子公司，再进行资产置入，实现借壳上市。

以上是借壳上市的基本形态，具体操作中会结合股权转让、资产置换、吸收合并、分拆业务、VIE拆除等其他工作。

由于企业上市涉及广大社会公众的利益，监管层逐渐意识到以往借壳交易存在的问题。2016年《上市公司重大资产重组管理办法》经过大幅修订，严格规范重组上市行为，压缩以往通过技术手段规避监管的借壳交易运作空间，重组上市的要求已向IPO看齐。

《上市公司重大资产重组管理办法》第13条规定：“上市公司自控制权发生变更之日起60个月内，向收购人及其关联人购买资产，导致上市公司发生以下根本变化情形之一的，构成重大资产重组，应当按照本办法的规定报经中国证监会核准：（一）购买的资产总额占上市公司控制权发生变更的前一个会计年度经审计的合并财务会计报告期末资产总额的比例达到100%以上；（二）购买的资产在最近一个会计年度所产生的营业收入占上市公司控制权发生变更的前一个会计年度经审计的合并财务会计报告营业收入的比例达到100%以上；（三）购买的资产在最近一个会计年度所产生的净利润占上市公司控制权发生变更的前一个会计年度经审计的合并财务会计报告净利润的比例达到100%以上；（四）购买的资产净额占上市公司控制权发生变更的前一个会计年度经审计的合并财务会计报告期末净资产额的比例达到100%以上；（五）为购买资产发行的股份占上市公司首次向收购人及其关联人购买资产的董事会决议前一个交易日的股份的比例达到100%以上；（六）上市公司向收购人及其关联人购买资产虽未达到本款第（一）至第（五）项标准，但可能导致上市公司主营业务发生根本变化；（七）中国证监会认定的可能导致上市公司发生根本变化的其他情形。上市公司实施前款规定的重大资产重组，应当符合下列规定：（一）符合本办法第十一条、第四十三条规定的要求；（二）上市公司购买的资产对应的经营实体应当是股份有限公司或者有限责任公司，且符合《首次公开发行股票并上市管理办法》规定的其他发行条件；（三）上市公司及其最近3年内的控股股东、实际控制人不存在因涉嫌犯罪正被司法机关立案侦查或涉嫌违法违规正被中国证监会立案调查的情形，但是，涉嫌犯罪或违法违规的行为已经终止满3年，交易方案能够消除该行为可能造成的不良后果，且不影响对相关行为人追究责任的除外；（四）上市公司及其控股股东、实际控制人最近12个月内未受到证券交易所公开谴责，不存在其他重大失信行为；（五）本次重大资产重组不存在中国证监会认定的可能损害投资者合法权益，或者违背公开、公平、公正原则的其他情形。上市公司通过发行股份购买资产进行重大资产重组的，适用《证券法》和中国证监会的相关规定。本条第一款所称控制权，按照《上市公司收购管理办法》第八十四条的规定进行认定。上市公司股权分散，董事、高级管理人员可以支配公司重大的财务和经营决策的，视为具有上市公司控制权。创业板上市公司自控制权发生变更之日起，向收购人及其关联人购买资产，不得导致本条第一款规定的任一情形。上市公司自控制权发生变更之日起，向收购人及其关联人购买的资产属于金融、创业投资等特定行业的，由中国证监会另行规定。”

《上市公司重大资产重组管理办法》第11条规定：“上市公司实施重大资产重组，应当就本次交易符合下列要求作出充分说明，并予以披露：（一）符合国家产业政策和有关环境保护、土地管理、反垄断等法律和行政法规的规定；（二）不会导致上市公司不符合股票上市条件；（三）重大资产重组所涉及的资产定价公允，不存在损害上市公司和股东合法权益的情形；（四）重大资产重组所涉及的资产权属清晰，资产过户或者转移不存在法律障碍，相关债权债务处理合法；（五）有利于上市公司增强持续经营能力，不存在可能导致上市公司重组后主要资产为现金或者无具体经营业务的情形；（六）有利于上市公司在业务、资产、财务、人员、机构等方面与实际控制人及其关联人保持独立，符合中国证监会关于上市公司独立性的相关规定；（七）有利于上市公司形成或者保持健全有效的法人治理结构。”

《上市公司重大资产重组管理办法》第43条规定：“上市公司发行股份购买资产，应当符合下列规定：（一）充分说明并披露本次交易有利于提高上市公司资产质量、改善财务状况和增强持续盈利能力，有利于上市公司减少关联交易、避免同业竞争、增强独立性；（二）上市公司最近一年及一期财务会计报告被注册会计师出具无保留意见审计报告；被出具保留意见、否定意见或者无法表示意见的审计报告的，须经注册会计师专项核查确认，该保留意见、否定意见或者无法表示意见所涉及事项的重大影响已经消除或者将通过本次交易予以消除；（三）上市公司及其现任董事、高级管理人员不存在因涉嫌犯罪正被司法机关立案侦查或涉嫌违法违规正被中国证监会立案调查的情形，但是，涉嫌犯罪或违法违规的行为已经终止满3年，交易方案有助于消除该行为可能造成的不良后果，且不影响对相关行为人追究责任的除外；（四）充分说明并披露上市公司发行股份所购买的资产为权属清晰的经营性资产，并能在约定期限内办理完毕权属转移手续；（五）中国证监会规定的其他条件。上市公司为促进行业的整合、转型升级，在其控制权不发生变更的情况下，可以向控股股东、实际控制人或者其控制的关联人之外的特定对象发行股份购买资产。所购买资产与现有主营业务没有显著协同效应的，应当充分说明并披露本次交易后的经营发展战略和业务管理模式，以及业务转型升级可能面临的风险和应对措施。特定对象以现金或者资产认购上市公司非公开发行的股份后，上市公司用同一次非公开发行所募集的资金向该特定对象购买资产的，视同上市公司发行股份购买资产。”

上市公司重大资产重组需要证监会并购重组委员会审核，如果构成借壳上市，审核标准原则上与IPO相同。一般情况下，借壳上市与IPO相比，时间上要快一些，但审核同样严格，除IPO审核的那些关注要点外，还要注意避免债务风险、财务陷阱、信息保密和内幕交易等问题。成功的借壳上市需要具备一些条件，如上市公司具备“壳条件”，双方股东交易诉求合理且能达成共识，借壳资产体量达标，借壳资产符合 IPO 条件，规范操作等。

借壳上市流程一般为：首先，借壳方聘请财务顾问以及其他中介机构，中介机构对公司进行尽职调查，讨论确定资产调整方案，确定拟上市资产范围，财务顾问推荐合适的壳公司，议价与谈判，各方制订重组方案草案；其次，专业机构制作协议和会议决议、重大资产重组报告书、审计报告、评估报告、法律意见书等文件，再次，上市公司申请停牌，上市公司披露重组情况，上市公司董事会、股东大会批准重组方案，向证监会提交申请文件，证监会提出反馈意见，组织回答反馈意见，证监会重组委投票表决；最后，通过证监会批准后，实施重组，进行资产交割，改组董事会，聘任新的管理层，证券公司进行持续督导。

三、境外上市

内地资本市场起步较晚，目前仍实行核准制，审核速度较慢，对拟上市公司有严格的盈利要求，目前也不接受特殊股权结构的公司。境外成熟资本市场因此成为一批新经济企业的选择，尤其以互联网行业为代表。中国企业境外上市，选择最多的是美国的纽交所、纳斯达克以及我国的香港交易所。

香港是亚洲乃至世界的金融中心，拥有得天独厚的地理位置与金融地位。香港证券市场融资途径多，审核高效，时间可控，再融资便利，企业选择在香港上市获得国际关注度高，便于实施全球化战略布局。香港特别行政区与内地文化较为接近，内地企业更加了解，是大型国有或民营企业境外上市的理想地点。

过去，一些企业认为香港证券市场在资金规模、交易额、估值等方面低于其他主流证券市场。2013 年阿里巴巴欲赴港上市，但因特殊股权结构问题未能如愿，后转投纽约证券交易所，创下美国市场有史以来按市值计算的最大 IPO 交易①。错

---

① 《阿里巴巴发行价为 68 美元 美股史上最大 IPO》，载腾讯网，https：//finance. qq. com/a/20140919/009021. htm？ pgv_ ref = aio2012&ptlang = 2052，最后访问时间：2019 年 5 月 15 日。

失优质企业和天量交易，引发了香港市场反思。同股不同权，被认为是违背香港法律规定的，而香港社会的法治程度非常高。面对激烈竞争的国际金融市场，近年来香港市场求变的呼声越来越高，港交所试图在接纳同股不同权、尚未盈利企业等方面进行改革。2018 年小米集团在香港上市，这成为香港市场接纳的第一家特殊股权安排的公司。香港交易所虽然放开同股同权要求，但为保护法律的稳定和其他股东利益，会有很多限制条件。近年来，香港市场融资规模在全球资本市场逐步取得领先地位，自 2017 年开始，赴港上市重新成为热潮。

香港主板和创业板上市基本条件如下：

标准	主板	创业板
营业记录	申请人需要拥有至少三年的营业记录，且符合下列其中一项测试： 1. 盈利测试 最近一年盈利≥2000 万港元； 上市前 2～3 年累计盈利≥3000 万港元； 上市时市值≥5 亿港元。 2. 市值/收入测试 预计上市时市值≥40 亿港元； 最近一年收入≥5 亿港元。 3. 市值/收入/现金流测试 预计上市时市值≥20 亿港元； 最近一年收入≥5 亿港元； 前三年累计现金流≥1 亿港元	创业板申请人须具备不少于 2 个财务年度的营业记录： 日常经营业务有现金流入，于上市前两年合计≥3000 万港元； 上市时市值≥1.5 亿港元
管理层和拥有权	管理层及拥有权在至少最近 3 年内保持连续性 管理层在最近 3 个会计年度维持不变；及 最近一个经审核的会计年度内拥有权和控制权维持不变	管理层及拥有权在至少最近 2 年内保持连续性 管理层在最近 2 个会计年度维持不变；及 最近一个完整的会计年度内持拥有权和控制权维持不变
公众持股	发行人已发行股本总额中至少有 25% 为公众持股 如预期在上市时的市值超过 100 亿港元，可接受 15% 至 25% 的公众持股 公众持股市值不少于 1.25 亿港元 股东人数不少于 300 名	发行人已发行股本总额中至少有 25% 为公众持股 如预期在上市时的市值超过 100 亿港元，可接受 15% 至 25% 的公众持股 公众持股市值不少于 4500 万港元 股东人数不少于 100 名

内地企业香港上市，有H股和红筹两种模式。H股模式是指注册在中国大陆的股份公司，在香港联交所申请发行境外上市外资股股票，并在香港联交所上市交易。区别于红筹模式，这种模式，不需要搭建海外红筹构架，在重组问题上较为简单。但H股公司在上市、再融资等方面需要受到中国证监会以及香港联交所、香港证监会的双重审查与监管，一定程度上会影响公司融资效率。对于中国大陆的H股上市公司，在时机成熟的时候，可以考虑在港股和A股同时上市。根据各方释放的信号，H股全流通时代似乎已经不远。

红筹模式是指中国股东在开曼群岛、英属维尔京群岛等离岸地区注册境外公司作为拟上市主体，并采用当地法律规则和会计制度。主要资产、业务以及管理团队均在中国大陆的内地公司，通过股权或协议控制将境内权益置入境外上市主体，最终赴港上市。

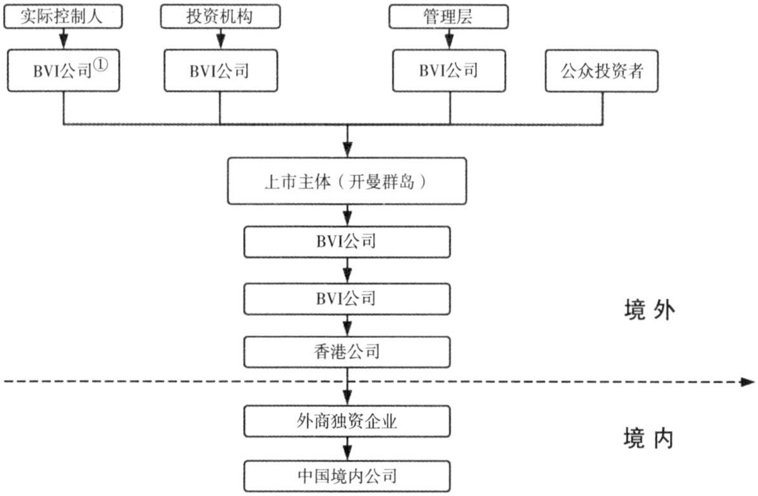

红筹结构

红筹架构包括股权控制模式和VIE模式。股权控制模式是指特殊目的公司（SPV）或其在中国大陆设立的外商独资企业（WFOE）持有中国大陆实际运营公司的股权，特殊目的公司实现对中国大陆实际运营公司的控股。VIE模式是指

① BVI公司：在英属维尔京群岛上注册的公司。

SPV 通过 WFOE 与中国实际运营公司及其股东签订一系列 VIE 协议，实现对中国实际运营公司的控制，进而实现财务并表。赴美上市的许多公司采用该模式，该模式起源于早期中国互联网公司海外上市，而国家对相关行业外商投资有严格限制。

相比 H 股上市，红筹搭建及权益重组需要耗费更高成本，程序也更为复杂。但在红筹模式下，上市公司注册在境外，不受中国证监会监管。境外公司在港上市后进行再融资，并购重组等资本运作，不需要履行境内政府机构的审批手续，相对高效便捷。由于公司在设立阶段主体结构已变为 VIE 结构，若需要重回大陆 A 股市场，则需要先拆除 VIE 结构，将企业权益转回内地，以境内股份公司身份申请上市。

除了我国香港特别行政区，内地企业海外上市最常见的选择是美国的纽约证券交易所和纳斯达克证券交易所。美国拥有当今世界最为发达和成熟的资本市场，这里聚集了世界上顶级的投资机构。选择美国上市的优势在于周期短，融资高效，市场和投资者成熟，创新模式容易得到认同，便于开拓国际市场等。需要注意的是，美股市场存在集体诉讼制度，这会增加上市公司的维护成本。

近年来，A 股市场环境不断优化，有效性的显著提高，与同期境外主要市场相比吸引力增强，中概股纷纷走上私有化之路。选择回归 A 股，主要是由于同一家公司在境内境外证券市场估值差距较大。2017 年最后一个交易日，某中概股回国互联网公司 A 股的借壳上市通过证监会审核，此后市值一路飙升。该案例向市场表明监管层对海外上市的中国企业回归 A 股的态度。中国证监会负责人公开表示支持符合国家产业战略发展方向、掌握核心技术、具有一定规模的优质境外上市中资企业回归 A 股。①

---

① 《证监会：支持优质境外上市中资企业回归 A 股》，载新浪网，http：//finance. sina. com. cn/roll/2017 - 11 - 03/doc - ifynmnae1646545. shtml，最后访问时间：2019 年 6 月 9 日。

第七章　公司并购

公司上市以后融资能力大为增强，市场开拓能力得到提升，业绩明显上升。但老秦一直苦于公司产品竞争力不够强，迟迟不能在行业高端产品领域打开局面。

经过考察，老秦和公司管理层看中了澳大利亚一家拥有知名品牌和行业领先技术的企业。经过多轮谈判，双方终于就中国企业收购澳大利亚企业达成战略合作协议。

本次收购完成后，老秦的公司成为该海外公司控股股东，持有其80%的股权。

接下来的几年里，通过并购后整合，老秦的企业学习到海外公司先进的技术和管理经验，并通过其知名品牌在高端领域抢占市场，并逐步提高自身品牌定位。

第一节　什么是并购，为什么并购

并购是兼并与收购的合称。兼并即企业合并，指几个企业组成一个企业的交易，包括吸收合并与新设合并；收购指通过支付对价取得目标公司控制权的交易，常见的模式有股权收购与资产收购。

公司并购是企业法人以一定的对价取得其他法人产权的行为，是企业进行资本运作的一种形式，是商品交易发展为资产交易的一种高级形态。公司并购不仅是商事主体的经营行为，大型公司的跨国并购项目也是资源配置的重要形式，甚至会上升到国家安全问题。从战国时期封建国家间的合纵连横，到当今世界的公司的并购浪潮，关于资源的争夺从未停止，只是换了演绎形式。进入现代商业文明时期，国家间的兼并战争趋于缓和，而商业领域的公司并购日渐繁荣。

对于一个公司来说，当公司发展到一定阶段，通过横向、纵向以及混合并购能够让公司快速进入一个新领域，实现产业链整合，消灭竞争对手，获得定价权。并购能够让我们获得目标公司拥有的技术、品牌、资质、渠道、人才、管理经验等优质资源。将连续并购作为长期战略，并成功获得协同效应的著名案例有思科、蓝色光标等企业。跨国并购不仅能让中国企业获得海外公司的技术和品牌，更能让公司获得国际声誉，快速成长为跨国集团公司。著名的例子有联想收购 IBM 的 PC 业务，吉利收购沃尔沃，苏宁收购国际米兰等。历史上的许多大公司，都将兼并收购作为其重要的发展战略。

对于一个国家来说，国内企业的并购能够淘汰落后产能，优化产业结构和资源配置，促进大型公司、百年企业的形成。引入外资，能够获得发展需要的资金，学习发达国家的发展经验。中国企业走出去，进行海外并购，能够让中资企业获得技术、品牌和声誉，提高综合实力。

虽然并购的好处明显，但其实并购的成功率并不高。成功率不高包括并购交易达成率不高和并购完成后整合成功并取得良好协同效应的比例不高两种情况。原因在于，并购交易是一个系统的、复杂的工程，天时、地利、人和缺一不可。成功的必备因素包括：选择最佳并购交易时机，企业领导者高瞻远瞩的战略目光，实施并购和整合工作的人才团队，交易双方达成利益平衡，国际环境和国家政策的支持，对不同文化的理解和尊重等。

即便如此，并购的魅力还是让人无法拒绝。并购是一门艺术，也是一种战略。在和平年代，公司并购是一场没有硝烟的战争，让企业家有机会尽情展示自己的谋略、胆识和意志，纵横捭阖之间，成就伟大公司和百年企业。

第二节　并购的交易结构设计

并购是一项复杂的系统性工程，内容包括目标寻找、估值、谈判、尽职调查、协议起草、交易结构设计、交割、整合等内容，除了对时局的把握，关键性谈判和事后整合，就并购交易本身而言，最为重要的是交易结构的设计。

并购的交易结构设计，需要设计者具备广阔的视野、开放的思维、深厚的专业功底，缜密的布局能力以及对地域文化和企业文化的深刻理解。并购的交易结构设计指通过对交易主体、交易模式、支付方式、融资途径、税务等因素进行统筹谋划、合理安排，实现交易目的，使交易最符合各方的利益诉求。真正的并购大师，一定是交易结构的设计大师。

一、并购模式

（一）股权收购

1. 股权收购的具体方式

股权收购指收购方通过支付对价取得目标公司一定股权（或股份）从而获得对方控制权的交易。（为简便考虑，以下不再区分股权和股份的状态）

股权收购的优点在于操作便捷，办理变更登记手续时间短，交易环节税费较低。收购公司和被收购公司的法律主体和会计地位不变，被收购企业的以前年度的亏损被保留下来，可以抵减以后年度的所得额。这些优点使得股权收购成为并购中最常用的模式。

【案例】

某并购交易中采用股权收购与资产收购税负对比

A 公司为某市区的一家房地产开发企业，主要资产是一块国有建设用地，通过出让方式取得，出让价为 1 个亿。A 公司为项目公司，其股东为某知名房地产开发企业C。现房地产开发公司B公司欲收购该建设用地使用权，建设用地使用权当前评估价为4个亿。

分别采用股权收购和资产收购，税负分析如下：

股权收购：

B公司

印花税：40000万×0.05%=20万元

B公司合计纳税20万元

C公司

印花税：40000万×0.05%=20万元

所得税：（40000万-10000万-20万）×25%=7495万元

C公司合计纳税7515万元

资产收购：

B公司

印花税：40000万×0.05%=20万元

契税：40000万×3%=1200万元

B公司合计纳税1220万元

A公司

增值税：[40000万/（1+11%）]×11%-0（假设没有当期进项税额）=3963.96万元

城建税：3963.96万×7%=277.4772万元

教育费附件：3963.96万×3%=118.9188万元

增值税、城建税、教育费附件三项合计：4360.356万元

印花税：40000万×0.05%=20万元

土地增值税：

扣除项目金额：10000万+3963.96万+277.4772万+118.9188万+10000万×20%=16360.356万元

增值额：40000万-16360.356万=23639.644万元

增值额占扣除项目金额的比例：23639.644万/16360.356万×100%=144.493457%

土地增值税：23639.644 万×50% -16360.356 万×15% =9365.7686 万元

所得税：（40000 万 -10000 万 -4360.356 万 -20 万 -9365.7686 万）×25% =4063.46885 万元

A 公司合计纳税：17809.5935 万元

但股权收购也有缺点，主要缺点在于风险难以控制，目标公司或有负债和潜在风险难以通过尽职调查穷尽，需要采取一系列措施控制风险。再者，采取股权转让模式时，对价支付给目标公司股东，溢价无法计入目标公司成本。例如，收购房地产公司股权，在开发销售环节，股权收购溢价无法计入项目成本，会造成开发销售环节土地增值税、增值税以及企业所得税增加。此时，税务问题直接关系到双方的交易价格确定，成为交易结构设计需要考虑的重要方面。

【案例】

某公司股权收购中溢价无法计入项目成本

A 公司为某市区的一家房地产开发企业，主要资产是一块国有建设用地，通过出让方式取得，出让价为 10 个亿。A 公司为项目公司，其股东为某知名房地产开发企业 C。现房地产开发公司 B 公司欲收购该建设用地使用权，建设用地使用权当前评估价为 40 个亿。

B 公司以 40 个亿的价格收购 A 公司股权，对价支付给 C 公司，B 公司成为 A 公司股东。但 A 公司土地成本依然为 10 个亿，溢价部分无法计入 A 公司项目成本。A 公司可以扣减的成本为 10 个亿，今后要缴纳高额的土地增值税。

股权收购通常有三种方式：股权转让，增资，增资换股。股权转让指收购方向目标公司股东支付对价，目标公司股东出售目标公司股权给收购方的行为。股权转让的特点在于对价到达目标公司股东账户，无法进入目标公司账户。产生溢价时，出让方需要就溢价部分支付所得税，个人税率为 20%，企业税率为 25%。有限公司股东之间可以自由转让股权，有限公司股东向外转让股权，需要履行《公司法》第 71 条的规定程序，公司章程有特别规定的需要遵守。

【案例】

收购母公司股权实现控股子公司目的

A 公司有三个股东，B 公司持股 60%，C 公司持股 20%，D 公司持股 20%。E 公司看中 A 公司核心资产，欲收购 B 公司持有的 A 公司 60% 股权，但遭到 C

公司和D公司的反对。

E公司找到B公司的股东F和G，通过股权转让收购了B公司全部股权，最终实现了控股A公司的目的。

【案例】

某公司股权收购税务筹划

A公司控股股东为自然人B，A公司成立以来业绩良好，预计未来业绩会有大幅增长。C公司拟收购B持有的A公司股权。为降低个人所得税成本，经双方商谈，达成以下方案：

自然人B在税收优惠地成立D公司，将其持有的A公司股权转让给D。将来C公司进行股权收购时，A公司先进行分红，再进行转让。

增资指目标公司增加注册资本，新股东认购新增注册资本的行为。非上市公众公司和上市公司定向增发、股票发行本质上为增资。风险投资人进入公司，多采用增资的方式。增资的特点在于资金进入目标公司账户，不存在出让方获得溢价款需要交纳所得税的问题。溢价增资时，一部分权益计入注册资本，溢价部分计入资本公积，由全体股东按照比例享有。有限公司增资必须经代表三分之二以上表决权的股东通过，股份公司增资必须经出席会议的股东所持表决权的三分之二以上通过。

【案例】

通过溢价增资进行公司收购

A公司注册资本2亿元，成立以来业绩良好，公司需要资金进一步扩大生产规模。B公司看中A公司，欲收购A公司。经过商谈，双方决定A公司增加注册资本3亿元，由B公司用15亿元认购。交易完成后，B公司持股60%，实现对A公司的控股。A公司获得15亿元的发展资金。

增资换股指收购方增加注册资本，目标公司股东认购增资并用目标公司股权支付对价。增资换股后，收购方取得目标公司股权，目标公司股东成为收购方股东，实现换股。增资换股是借壳上市的基本模式。增资换股可以解决支付现金问题，又可以保留被收购方创始股东继续在目标公司工作。

【案例】

通过增资换股进行公司收购

A 公司注册资本 5 亿元，B 公司注册资本 8 千万元，净资产 1.6 亿元。A 公司欲收购 B 公司，但缺乏支付的现金。经双方商谈后，决定按照以下方案实施：

A 公司增资 9 千万元，B 公司的股东用 B 公司 56.25% 的股权认购。交易完成后，A 公司持有 B 公司 56.25% 的股权，B 公司股东持有 A 公司 15.25% 的股权。

2. 股权收购的风险控制

公司是一个复杂的系统，股权收购不仅是财产权利的转让，也是与公司相关的合同的转让。股权收购的主要缺点在于风险控制困难，为此需要采取系统措施进行规避。这些风险主要包括股权本身的风险、资产瑕疵、潜在债务、用工风险、其他风险等。

股权本身风险涉及广泛，包括股权瑕疵、股权合法性及稳定性问题等。例如，原始股东出资是否到位，若出让方未足额缴纳出资，而受让方知晓或应当知晓的，则受让方与出让方将就未缴纳出资部分对公司债权人承担连带责任；原股东是否存在抽逃出资的情况；股权代持；国有股权变更是否履行法定程序；股权转让时，其他股东是否放弃优先购买权；历史上股权转让是否已经取得完税凭证；股权是否存在质押等第三方权利负担的情形等。

潜在债务风险是股权收购面临的主要风险，收购价格的确定基于债权债务的列明，但不能保证没有或有债务对新股东权益造成损害。

对于潜在债务问题，首先收购方应当委托会计师事务所和律师事务所等中介机构进行专业的尽职调查。特别注意对目标公司各种合同、协议的核查。然后在收购协议中约定，基准日之前的其他债务由原股东承担，这种约定无法约束外部的债权人，仅在新老股东之间有效。对此，有必要设置收购先决条件、股权价款调整机制、收购退出及补偿机制。还可以通过分期支付收购款、第三方担保，约定违约金等方法降低风险。另外，必要时可在基准日更换公司印章，以明确权利义务分割时点。交割完成前，可以将公司印章、证照放入保险箱，双方共同保管。

员工安置问题较为敏感，一定程度上涉及社会稳定，也关系到项目能否顺利进行。处理国有企业、集体企业中的员工安置问题更需谨慎。对于公司存在违反

《劳动法》《劳动合同法》情形的，在谈判时应当一并考虑，并在交割前解决。那些对企业做出过重要贡献、受过工伤等特殊员工应当给予照顾。对于老员工，能接收的应当接收，不能接收的应当制定符合法律规定的裁员方案，并注意做好安抚工作。

由于股权收购是收购方全盘接受整个公司，因此对于资质、房产、土地、知识产权等重要资产，环境保护、税务处理、票据、行政处罚、诉讼、仲裁等各个方面的均需进行尽职调查，评估风险并采取措施。

3. 税务问题

采取股权转让方式进行收购，出让方需要交纳所得税，双方需要交纳印花税。转让股东为自然人股东时，需要交纳个人所得税，个人股东应按“财产转让所得”20%的税率缴纳个人所得税。计税依据为财产转让所得扣除财产原值和合理费用。出让股东为法人股东时，投资转让所得应并入企业的应纳税所得额，缴纳企业所得税。

为鼓励企业并购重组，国家出台了税收优惠政策。《财政部、国家税务总局关于企业重组业务企业所得税处理若干问题的通知》（财税〔2009〕59号）、《国家税务总局关于发布〈企业重组业务企业所得税管理办法〉的公告》（国家税务总局公告2010年第4号）、《财政部、国家税务总局关于促进企业重组有关企业所得税处理问题的通知》（财税〔2014〕109号）和《国家税务总局关于企业重组业务企业所得税征收管理若干问题的公告》（国家税务总局公告2015年第48号），对企业重组所得税特殊性税务处理等问题进行了规定。

根据《财政部、国家税务总局关于企业重组业务企业所得税处理若干问题的通知》（财税〔2009〕59号）的规定，股权收购企业所得税的处理分为一般税务处理与特殊税务处理。一般情况下企业股权并购重组，被收购方应确认股权转让所得或损失，收购方取得股权的计税基础应以公允价值为基础确定，被收购企业的相关所得税事项原则上保持不变。

根据《财政部、国家税务总局关于企业重组业务企业所得税处理若干问题的通知》（财税〔2009〕59号）第5条规定：“企业重组同时符合下列条件的，适用特殊性税务处理规定：（一）具有合理的商业目的，且不以减少、免除或者推迟缴纳税款为主要目的。（二）被收购、合并或分立部分的资产或股权比例符合本通知规定的比例。（三）企业重组后的连续12个月内不改变重组资产原来的实质性经营活动。（四）重组交易对价中涉及股权支付金额符合本通知规定比例。（五）企业重组中取得股权支付的原主要股东，在重组后连续12个月内，不得转让所取得的股权。”

符合适用特殊性税务处理条件的股权收购，收购企业购买的股权不低于被收购企业全部股权的50%，且收购企业在该股权收购发生时的股权支付金额不低于其交易支付总额的85%，交易各方对其交易中的股权支付部分可以选择按以下规定处理：（1）被收购企业的股东取得收购企业股权的计税基础，以被收购股权的原有计税基础确定。（2）收购企业取得被收购企业股权的计税基础，以被收购股权的原有计税基础确定。（3）收购企业、被收购企业的原有各项资产和负债的计税基础和其他相关所得税事项保持不变。

（二）资产收购

资产收购指收购方支付对价购买被收购方资产。资产收购和股权收购的目的均为凭借财产权及股权的控制，掌握目标公司的经营权，并以此实现获利。资产收购的优点在于风险可控，干净利落，溢价可以计入成本；缺点在于程序繁琐，办理手续时间较长，交易环节税费较高。

资产收购的风险应主要关注资产是否合法和有无瑕疵。尽职调查需要对资产是否符合买方需求，资产的合法性，资产的权利负担，资产价值的延续时间等进行核查。若资产存在担保、租赁等权利负担，应当涤除相关权利。房地产项目转让，需要符合《城市房地产管理法》第39条的转让条件。涉及国有产权交易的，需要履行评估、报批、产权交易所交易等程序。在股权收购和资产收购中，都应防止债权人以转让价格过低为由主张撤销权。

资产收购需要对资产履行评估程序，房产、土地、知识产权等需要办理过户登记。资产收购涉及的税种有增值税及附加、营业税、所得税、印花税、土地增值税、契税，而股权转让通常只涉及所得税和印花税。股权转让方须缴纳所得税、印花税，股权受让方须缴纳印花税。资产转让方须缴纳所得税、增值税、营业税、土地增值税、印花税，资产受让方须缴纳契税、印花税。营改增后部分行业不再缴纳营业税。当资产涉及房产、土地时，由于土地增值税的存在，出让方可能需要承担高额税费。土地增值税是以转让房地产取得的收入，以减除法定扣除项目金额后的增值额作为计税依据，并按照四级超率累进税率进行征收，税率为30% ~60%。

在资产收购中，如果受让方支付对价的形式是非货币性资产，则受让方对该非货币性资产中涉及的存货、固定资产，也要视同销售货物的行为，需要缴纳增值税。根据《国家税务总局关于纳税人资产重组有关增值税问题的公告》（国家税务总局公告2011年第13号）和《国家税务总局关于纳税人资产重组有关增值税问题的公告》（国家税务总局公告2013年第66号），纳税人在资产重组过程中，通过合并、分立、出售、置换等方式，将全部或者部分实物资产以及与其相关联的债权、负债和劳动力一并转让给其他单位和个人，不属于增值税的征收范围，其中涉及的货物转让，不征收增值税。其中货物的多次转让行为均不征收增值税。资产的出让方需将资产重组方案等文件资料上报给其主管税务机关。

一般情况下，企业资产收购重组交易中被收购方应确认资产转让所得或损失，收购方取得资产的计税基础应以公允价值为基础确定，被收购企业的相关所得税事项原则上保持不变。

若资产收购符合《财政部、国家税务总局关于企业重组业务企业所得税处理若干问题的通知》（财税〔2009〕59号）第5条规定的条件，受让企业收购的资产不低于转让企业全部资产的50%，且受让企业在该资产收购发生时的股权支付金额不低于其交易支付总额的85%，可以选择按以下规定处理：（1）转让企业取得受让企业股权的计税基础，以被转让资产的原有计税基础确定。（2）受让企业取得转让企业资产的计税基础，以被转让资产的原有计税基础确定。

根据《国家税务总局关于以转让股权名义转让房地产行为征收土地增值税问题的批复》（国税函〔2000〕687号），对于一次性转让100%股权，且主要资产是土地使用权、地上建筑物及附着物的，应征收土地增值税。最高人民法院（2014）民二终字第264号判决中的观点为，股权转让时目标公司未发生土地使用权转让的，不需要缴纳土地增值税。综合来看，转让全部股权，且主要资产为房地产时应当缴纳土地增值税；部分转让或分批转让不应征收土地增值税。但各地税务部门对此意见不一，应在交易结构设计之前咨询当地税务机关。

（三）公司合并

公司合并是指两个或多个公司按照法律、法规规定的程序，组建为一个公司的行为。公司合并包括吸收合并和新设合并。吸收合并指一个公司合并另外一个公司，将其资产、负债并入，接受合并的公司存续，被合并的公司注销。新设合并指两家或者多家公司合并组成一家新公司，原有公司全部注销。公司合并是公司并购的一种形式，也是企业重组的一种形式。公司合并在消除恶性竞争，减少关联交易，整合上下游产业链等方面具有重要作用。

《公司法》第 173 条规定："公司合并，应当由合并各方签订合并协议，并编制资产负债表及财产清单。公司应当自作出合并决议之日起十日内通知债权人，并于三十日内在报纸上公告。债权人自接到通知书之日起三十日内，未接到通知书的自公告之日起四十五日内，可以要求公司清偿债务或者提供相应的担保。"第 174 条规定："公司合并时，合并各方的债权、债务，应当由合并后存续的公司或者新设的公司承继。"

公司合并对公司利益相关方来说属于重要事件，应当履行相应的程序。拟合并公司应当召开董事会和股东（大）会，对合并事项进行表决。对于合并事项的表决，有限责任公司必须经代表三分之二以上有表决权的股东通过，股份有限公司必须经出席会议的股东所持表决权的三分之二以上通过。除了内部决议程序，特殊公司还需要履行外部审批程序。涉及国有和集体所有的公司，需要履行国资和集体资产审批程序，并履行审计、评估、产权交易所交易等程序。涉及外资的，需要履行外商管理部门的审批手续。在有限责任公司中，对公司合并的决议投反对票的股东，可以要求公司按照合理价格收购其股权。

合并工作开始后，合并各方签订合并协议，编制资产负债表和财产清单，通知债权人，公司聘请中介机构进行审计、评估，进行账务会计处理，办理工商登记。

根据《国家税务总局关于纳税人资产重组有关增值税问题的公告》（国家税务总局公告 2011 年第 13 号）的规定，"纳税人在资产重组过程中，通过合并、分立、出售、置换等方式，将全部或者部分实物资产以及与其相关联的债权、负债和劳动力一并转让给其他单位和个人，不属于增值税的征税范围，其中涉及的货物转让，不征收增值税"。2017 年 11 月，国务院废止《营业税暂行条例》并修改

《增值税暂行条例》。根据《增值税暂行条例》第1条，在中华人民共和国境内销售货物或者加工、修理修配劳务，销售服务、无形资产、不动产以及进口货物的单位和个人，为增值税的纳税人，应当依照《增值税暂行条例》缴纳增值税。

土地增值税的征税范围是转让国有土地使用权、地上的建筑物及其附着物，其中，转让国有土地使用权、地上的建筑物及其附着物并取得收入，是指以出售或者其他方式有偿转让房地产的行为。《财政部、国家税务总局关于企业改制重组有关土地增值税政策的通知》（财税〔2015〕5号）第2条规定，按照法律规定或者合同约定，两个或两个以上企业合并为一个企业，且原企业投资主体存续的，对原企业将国有土地、房屋权属转移、变更到合并后的企业，暂不征土地增值税。第5条规定，上述改制重组有关土地增值税政策不适用于房地产开发企业。虽然该《通知》于2017年12月31日到期，但目前实践中的做法不会改变。

《财政部、国家税务总局关于进一步支持企业事业单位改制重组有关契税政策的通知》（财税〔2015〕37号）第3条规定，两个或两个以上的公司，依照法律规定、合同约定，合并为一个公司，且原投资主体存续的，对合并后公司承受原合并各方土地、房屋权属，免征契税。

《财政部、国家税务总局关于企业改制过程中有关印花税政策的通知》（财税〔2003〕183号）第1条第2项规定："以合并或分立方式成立的新企业，其新启用的资金账簿记载的资金，凡原已贴花的部分可不再贴花，未贴花的部分和以后新增加的资金按规定贴花……"。

根据《财政部、国家税务总局关于企业重组业务企业所得税处理若干问题的通知》（财税〔2009〕59号）的规定，关于企业合并的企业所得税问题，分为一般税务处理和特殊的税务处理。通常情况下企业合并中，合并企业应按公允价值确定接受被合并企业各项资产和负债的计税基础，被合并企业及其股东都应按清算进行所得税处理，被合并企业的亏损不得在合并企业结转弥补。

若企业合并符合《财政部、国家税务总局关于企业重组业务企业所得税处理若干问题的通知》（财税〔2009〕59号）第5条规定的条件，企业股东在该企业合并发生时取得的股权支付金额不低于其交易支付总额的85%，以及同一控制下且不需要支付对价的企业合并，可以选择按以下规定处理：（1）合并企业接受被合并企业资产和负债的计税基础，以被合并企业的原有计税基础确定。

（2）被合并企业合并前的相关所得税事项由合并企业承继。（3）可由合并企业弥补的被合并企业亏损的限额 = 被合并企业净资产公允价值 × 截至合并业务发生当年年末国家发行的最长期限的国债利率。（4）被合并企业股东取得合并企业股权的计税基础，以其原持有的被合并企业股权的计税基础确定。

（四）公司分立

公司分立指一家公司通过法定程序分为两家或者两家以上的公司。公司分立包括派生分立和新设分立两种形式。派生分立指原公司分出一家或者一家以上的公司，原公司存续。剥离资产和业务，实务中经常使用派生分立。新设分立指一家公司分成两家或者两家以上的公司，原公司注销。公司分立是企业并购、重组的一种形式，在资产剥离、业务分割、股东分家等情形下具有重要意义。

对于分立事项的表决，有限责任公司必须经代表三分之二以上有表决权的股东通过，股份有限公司必须经出席会议的股东所持表决权的三分之二以上通过。在有限责任公司中，对公司分立的决议投反对票的股东，可以要求公司按照合理价格收购其股权。

《公司法》第 175 条规定：“公司分立，其财产作相应的分割。公司分立，应当编制资产负债表及财产清单。公司应当自作出分立决议之日起十日内通知债权人，并于三十日内在报纸上公告。”第 176 条规定：“公司分立前的债务由分立后的公司承担连带责任。但是，公司在分立前与债权人就债务清偿达成的书面协议另有约定的除外”。此处规定，区别于公司合并，没有规定债权人可以要求公司清偿债务或者提供担保，这是因为分立后的公司对分立前的债务承担连带责任，理论上不损害债权人利益。

公司分立需要确定分立基准日，编制资产负债表和财产清单，审计，评估，董事会、职工代表大会、股东会审议分立方案，分割业务、资产、负债，进行工商登记。

公司应当召开职工会议或职工代表大会审议公司分立方案，听取职工的意见和建议。《劳动合同法》第 34 条规定：“用人单位发生合并或者分立等情况，原劳动合同继续有效，劳动合同由承继其权利和义务的用人单位继续履行。”《劳动合同法实施条例》第 10 条规定：“劳动者非因本人原因从原用人单位被安排到新用人单位工作的，劳动者在原用人单位的工作年限合并计算为新用人单位的工作年限。原用人单位已经向劳动者支付经济补偿的，新用人单位在依法解除、终止劳动合同计算支付经济补偿的工作年限时，不再计算劳动者在原用人单位的工作年限。”

企业分立过程中增值税、营业税、土地增值税、契税、印花税问题，与公司合并相似。依照上述国家税务总局公告2011年第13号、财税〔2015〕5号、财税〔2015〕37号、财税〔2003〕183号等文件的规定办理。

根据《财政部、国家税务总局关于企业重组业务企业所得税处理若干问题的通知》（财税〔2009〕59号）的规定，企业分立所得税分为一般税务处理和特殊的税务处理。一般情况下，被分立企业对分立出去资产应按公允价值确认资产转让所得或损失。分立企业应按公允价值确认接受资产的计税基础。被分立企业继续存在时，其股东取得的对价应视同被分立企业分配进行处理。被分立企业不再继续存在时，被分立企业及其股东都应按清算进行所得税处理。企业分立相关企业的亏损不得相互结转弥补。

若企业分立符合《财政部、国家税务总局关于企业重组业务企业所得税处理若干问题的通知》（财税〔2009〕59号）第5条规定的条件，被分立企业所有股东按原持股比例取得分立企业的股权，分立企业和被分立企业均不改变原来的实质经营活动，且被分立企业股东在该企业分立发生时取得的股权支付金额不低于其交易支付总额的85%，可以选择按以下规定处理：（1）分立企业接受被分立企业资产和负债的计税基础，以被分立企业的原有计税基础确定。（2）被分立企业已分立出去资产相应的所得税事项由分立企业承继。（3）被分立企业未超过法定弥补期限的亏损额可按分立资产占全部资产的比例进行分配，由分立企业继续弥补。（4）被分立企业的股东取得分立企业的股权（以下简称“新股”），如需部分或全部放弃原持有的被分立企业的股权（以下简称“旧股”），“新股”的计税基础应以放弃“旧股”的计税基础确定。如不需放弃“旧股”，则其取得“新股”的计税基础可从以下两种方法中选择确定：直接将“新股”的计税基础确定为零；或者以被分立企业分立出去的净资产占被分立企业全部净资产的比例先调减原持有的“旧股”的计税基础，再将调减的计税基础平均分配到“新股”上。

【案例】

通过公司分立进行资产和业务剥离

甲公司为一家大型综合公司，经营业务涉及酒店、餐饮、地产、贸易、零售。乙公司拟收购甲公司酒店和地产业务，需要对甲公司餐饮、贸易、零售业务进行剥离。

经测算，如果采用资产转让的方式，会产生大量税费。经过讨论研究，各方最终决定通过甲公司分立的方法，剥离出相关业务。

二、主体选择

并购交易涉及商业主体之间的整合、重构，并购主体的选择会影响并购交易的走向，是并购交易结构设计的重要方面。

1. 公司作为主体

公司作为主体直接开展并购，是最传统的并购模式——被并购公司成为并购主体的控股子公司，成为集团公司的一员，合并报表后利润直接反映到收购方财务报表。这种方式可以采用换股解决支付对价问题，但当公司处于估值较低阶段时，对创始股东的股权稀释比较多。

相对于成立其他主体进行并购，公司作为主体直接进行并购，容易影响集团公司整体结构，风险隔离能力较弱，如果并购交易产生纠纷，将直接传导至集团公司层面，不利于公司和股东的资产安全。如果并购后整合不理想，或者目标公司经营不理想，要剥离相关资产、业务，以及驱逐完成换股的目标公司原股东和管理层，对集团公司整体影响较大。

如果收购主体是上市公司，收购后整合一旦产生协同效应，将直接促进上市公司利润增长，进一步可以提升上市公司股票在证券市场的表现。上市公司直接开展并购的缺点是会触发上市公司重大资产重组，涉及上市公司决策、信息披露、监管审核等问题。若并购后业务整合不理想，对上市公司经营和市值会产生负面影响。

2. 子公司作为主体

可以由公司成立子公司，或是由大股东成立子公司，或是由公司与大股东或者其他主体共同成立子公司开展并购。子公司具有法律上的独立地位，可以以自己的财产独立开展民事法律行为，承担法律责任。对于大型集团公司，由子公司开展并购，不会在集团公司层面稀释股权，不影响集团公司组织架构。

各业务板块分业经营，独立核算，结构清晰，风险隔离。如果将来，并购后整合失败或者目标公司营业情况不理想，集团公司将目标公司资产、业务剥离容易实施，且对集团公司整体影响小。

对于上市公司，由大股东成立的子公司开展并购，经过一段时间培育，对于业绩好的公司，可以选择时机并入上市公司，也可以考虑单独上市。在某些交易中，为实现特殊目的，可以由公司和其他主体共同成立子公司开展并购，子公司股权结构根据交易目的设计。

3. “上市公司 + PE”模式

并购基金是私募股权投资基金的一种，通过向不特定对象募集资金，专注于具有稳定现金流的成熟企业的并购投资，以控股或参股的方式进入被投资企业，然后对目标企业进行整合、运营，待企业经营业绩显著提高之后，通过上市、转售等方式出售其所持股份，获得收益而退出。

“上市公司 + PE”模式并购基金多以有限合伙制作为基金的组织形式，私募股权投资机构作为 GP（普通合伙人）与上市公司、上市公司大股东或其关联公司一同发起成立有限合伙制并购基金，PE 再募集一部分资金，该并购基金作为上市公司产业整合的主体，围绕上市公司既定的战略发展方向开展投资、并购、整合等业务，巩固和提高上市公司行业地位，开拓新领域。对于并购基金投资的项目，由上市公司并购或者通过其他方式退出。从而实现上市公司、PE、投资者多方共赢。

三、资金来源

并购是一种高级形态的资产交易，并购往往需要大量资金，所以解决资金来源问题是并购交易能够成功进行的前提条件。

（一）换股并购

所有交易都需要支付对价，并购也不例外。巨额交易的并购，往往难以筹集足够的资金，因此换股并购成为常用的交易模式。增资换股的结果是收购方控股被收购方，被收购方股东获得一部分收购方股份。增资换股可以解决支付现金问题，又可以保留被收购方创始股东继续在目标公司工作。目标公司经营业绩的增长可以带动收购方股价的攀升，对目标公司管理团队有一定激励作用。

（二）杠杆收购

杠杆收购泛指所有通过财务杠杆融资，以小博大的收购。例如，发行资产证券化产品，募集资金，待收购完成后目标公司产生收益，向投资者分享投资回报。例如，收购主体以目标公司资产抵押，向金融机构或投资者融资来完成收购，待收购完成后再以目标公司经营产生的收益还本付息。

所有杠杆模式都具有风险性，杠杆收购亦不例外。风险是否会发生的关键在于目标公司现金流状况、盈利能力、资产变现能力以及并购后整合能否产生协同效应。方案设计时，应对风险进行评估，并采取保障措施增强安全系数。

“上市公司+PE”模式亦属于杠杆收购，上市公司借助PE募集的资金，加上少量自有资金即可撬动资本，收购心仪目标公司，完成巨额并购交易。如运用恰当，该模式的战略纵深和资源整合，能给各方带来丰厚收益。

【案例】

通过目标公司资产抵押进行融资

A公司欲收购B公司全部股权，A公司与B公司股东商定股权转让价款为1亿元，但目前A公司只有现金6000万元。双方商定按照以下方案实施并购：

1. 支付6000万元股权转让款，转让60%股权，并办理工商变更登记；

2. 以目标公司房产和土地作为抵押，A公司向银行融资4000万元，并由第三步监管账户托管；

3. 转让40%股权，并办理工商变更登记，支付4000万元股权转让款。

【案例】

设立并购基金融资

上市公司A出资20%担任LP，投资公司B出资2%担任GP，其余资金由B公司募集，成立并购基金C。并购基金C收购上游产业链公司D，经过一段时间培育后，再由上市公司A收购。

（三）内保外贷

“内保外贷”是指境内银行为境内公司在境外注册或投资的公司提供担保，由境外银行向境外企业发放贷款。随着中国企业“走出去”热潮的兴起，海外投资和跨境并购日益繁荣。内保外贷成为对外投资和海外并购重要的融资方式。

需要注意的是，由于涉及外汇监管和金融安全，政府对“内保外贷”加强了监管，企业需要及时履行相应审批、备案手续。

（四）其他融资途径

除了以上方式，并购交易还可以通过银行贷款、股票发行、发行债券、“股加债”“债转股”等方式获取所需要的资金。

第三节　并购后整合

并购的最终目的是在并购完成后产生协同效应，为股东创造价值。并购交易价值的实现和创造，关键在于并购后的整合。只有理解并购后整合才能真正理解并购。

并购完成后，通常需要对目标公司治理结构进行重构，在董事会席位安排，高管和监事任免上进行调整。制定新的股东大会议事规则、董事会议事规则、总经理工作制度、员工手册等公司规章制度。重塑企业文化和员工归属感。在公司治理机制的重构与运行上，应当尊重被并购公司所在国家、行业的法律和商业规则。例如，美国商业规则中的所有权与经营权分离制度给予董事会足够的经营自主权，这使得股东很难越过董事会直接插手公司事务。通常情况下，应当保持被并购公司在经营管理上的独立性。

并购后整合的关键在于经营战略、人力资源、企业文化、品牌的整合。企业家的战略眼光和商业思维在这些关键要素的安排上显得格外重要。应制定集团公司的长期发展战略，并使被并购公司的发展战略服务于整个集团。重塑新公司企业文化和价值观念，安抚被并购公司人才，让他们逐渐认同新公司的企业文化和价值理念。当然，这也需要企业家对被并购公司所处国家和被并购公司本身的文化有深刻理解，抱着开放、包容的心态，相互融合。如果品牌是被并购公司的重要资产，一定要维护好品牌的良好声誉。不能让原来的高端品牌，因为并购而失去市场认可度。

一个成功的并购项目，需要具备天时、地利、人和。一个并购后整合的经典成功案例是吉利收购沃尔沃。收购前，沃尔沃是享誉世界的瑞典百年汽车品牌，而吉利只是一家普通的中国民营汽车公司。收购后，吉利坚持独立运营的理念，为沃尔沃组建了一支精英管理团队。企业文化上，兼容并包，相互尊重，倡导建立具有国际视野的企业文化。通过有效沟通，化解文化冲突，将吉利与沃尔沃价值理念充分融合。借助沃尔沃的高端品牌形象和先进造车技术，实现吉利品牌在造车工艺和品牌价值上的巨大进步。时机成熟后，吉利公司发布全新品牌“领克”，形成从低到高的立体品牌战略。

第八章　企业家刑事责任风险防控

这一年，公司财务总监老陶与下属发生矛盾并逐渐激化，后其被下属举报涉嫌挪用资金罪。经司法机关调查、公诉、审理，老陶最终被认定构成挪用资金罪和职务侵占罪，判处有期徒刑8年。

这些年，老陶一直负责公司的财务和管理事务，被认为工作能力强，做事有魄力，是公司非常重要的管理人才。“老陶事件”让老秦非常痛心，也直接影响到公司的发展。

第一节　企业家应当树立刑事责任风险防控意识

生命与自由是我们最宝贵的东西，我们在明媚的阳光下自由呼吸，享受生命的美好，是一件非常幸福的事情。如果我们失去了这两样东西，不管我们曾经拥有多少的财富，曾经多么辉煌，都会失去意义。

我们总是在赶路，却忘记欣赏沿途的风景。我们喜欢的总是我们得不到的，却没有好好珍惜已拥有的。在市场经济条件下，企业家是引领社会发展的领袖群体，他们在商业战场叱咤风云，功成名就。然而，近年来，企业家触犯《刑法》，最终身陷囹圄的例子屡见不鲜。

改革开放四十年，中国经济社会发展取得的成就举世瞩目，在这期间，涌现出大批优秀的企业家，他们富有挑战精神、冒险精神和创新精神，是时代的弄潮儿。他们中的很多人出身贫寒，通过自己的勤劳和智慧，抓住历史机遇，改变了命运。然而，有相当一部分企业家，因为缺乏法律意识，抱有侥幸心理，没能正确处理刑事法律风险的防控，最终从巅峰跌落谷底，从此销声匿迹，令人唏嘘。

“在‘摸着石头过河’的过程中成长起来的企业家，在规范意识和敬畏法律方面普遍先天不足。”① 企业家身处复杂的社会关系中，需要处理与商业伙伴、员工、竞争对手、职能部门等各种主体的关系，面对各种挑战和诱惑。一旦发生经济犯罪，对企业家个人、家庭以及企业都会带来毁灭性的打击。优秀的企业家因为缺乏法律意识最终受到来自刑法的制裁，对整个社会也是非常大的损失。

魏文王曾经问扁鹊：“你们家兄弟三人，都精于医术，谁的医术最高明？”扁鹊答：“大哥最好，二哥差些，我是三人中最差的。”魏文王不解地问：“那为什么你的名气最大？”扁鹊解释道：“我大哥治病，是在病情发作之前，那时候病人自己还不觉得有病，但大哥就下药铲除了病根，这让他的医术难以被人认可，所以没有名气，只是在我们家中被推崇备至。我的二哥治病，是在病初起之时，症状尚不十分明显，病人也没有觉得特别痛苦，二哥就能药到病除，这让我们乡里人都认为我二哥只是治小病很灵。我治病，都是在病情十分严重之时，病人病入膏肓，家属心急如焚。此时，他们看到我在经脉上穿刺，用针放血，或者在患处敷以毒药以毒攻毒，或动大手术直指病灶，这使得重病病人的病情得到缓解或治愈，我因此名扬天下。”魏王大悟。

我们的祖先在很早以前即能参透如此深刻的道理，这个古老的故事放在今天依然能给我们很多启示。冰冻三尺，非一日之寒，在医学上，重大疾病的发生往往经历一个积累的过程，通过定期体检和对微小疾病的控制可以极大降低重大疾病发生的风险。对于一个个体，一个企业来说，防微杜渐，提前筹划，预防系统危险的发生，都是非常重要的。

律师和医生的工作有着很多相似之处，医生守护我们的健康和生命，律师守

---

① 张远煌，向泽远主编：《企业家犯罪分析与刑事风险防控报告（2015—2016 卷）》，北京大学出版社 2016 年版，第 108 页。

护我们的财产和自由。当诉讼来临或者当刑事追责程序启动时再委托律师，已是亡羊补牢，寄希望于力挽狂澜，是风险意识落后的表现，即使能够化险为夷，也会付出高昂成本，承受巨大压力。历经商海沉浮的企业家，在商业上高瞻远瞩，在企业和自身风险防控上，也应当具有长远眼光，懂得未雨绸缪，毕竟，有安全才能笑到最后。

很多人对律师的理解还停留在“打官司”的水平，这是非常落后的观念，其实非诉讼律师拥有广阔的发展舞台。当企业发展到一定规模，聘请法律顾问，定期进行法律风险评估，企业家决策筹划前听取法律顾问的意见，都是非常必要的。企业不仅需要律师，企业家个人也需要私人律师，二者的立场是存在区别的。律师对企业家最大的价值，不是在波澜起伏时力挽狂澜，而是在风平浪静时预见和避免危机。有时候，给律师打一个电话，听取他的一个意见，就能避免最终的危机。

在现代商业社会，企业与政府、官员建立良性的互动和交流关系是必要的，这有利于企业获得政府的扶持。但是企业家与官员如果走得过近，就容易发展为权钱交易，滋生腐败。当官员因为贪污、受贿问题落马，与之关系密切的企业家容易被牵连出来。人间正道是沧桑，企业家要想行稳致远，应当脚踏实地，在战略、技术、品牌、质量、人才、管理、文化上下功夫，通过感动人心的产品和服务来赢得市场，实现人生理想。

君子爱财，取之有道。无论我们走多远，都不能在欲望面前迷失自我，不能忘记我们出发时的初心。只要生命和自由还在，无论当下多么困难，总有成功的一天。如果不顾风险，铤而走险，一旦跌落谷底，很难再翻身。

通过研究近年来企业家被追究刑事责任的案例，可以发现企业家触犯的罪名多是经济领域的犯罪，并呈现出类型化的特征。非法吸收公众存款罪、职务侵占罪、向非国家工作人员行贿罪、虚开增值税专用发票罪、行贿罪、合同诈骗罪、挪用资金罪、单位行贿罪、拒不支付劳动报酬罪、非法经营罪等罪名已成为企业家犯罪的高发罪名。

第二节　企业家高发的刑法罪名分析

一、重大劳动安全事故罪

《刑法》第135条规定："安全生产设施或者安全生产条件不符合国家规定，因而发生重大伤亡事故或者造成其他严重后果的，对直接负责的主管人员和其他直接责任人员，处三年以下有期徒刑或者拘役；情节特别恶劣的，处三年以上七年以下有期徒刑。"

本罪侵犯的客体是公共安全以及劳动者的生命、健康和重大公私财产的安全。客观方面表现为在安全生产设施或者安全生产条件不符合国家规定的情况下，对事故隐患不采取措施，进行生产作业，发生重大伤亡事故或者造成其他严重后果。构成本罪的主体是直接负责生产作业的主管人员和其他直接责任人员。主观方面表现为过失，责任人主观上不情愿事故的发生，但其片面追求经济利益，在安全生产条件上投入不足，心存侥幸。

2015年8月2日7时34分，位于江苏省昆山市昆山经济技术开发区的昆山某金属制品有限公司抛光车间发生重大粉尘爆炸事故，造成当天75人死亡、185人受伤的严重后果。本次事件揭示了追求经济增长过程中存在的问题，在全社会引起广泛的思考和讨论。

法院经调查认定，该公司违规进行除尘系统设计和改造，车间铝粉尘聚集严重，生产管理混乱，安全防护措施欠缺，相关责任人在车间除尘系统、生产工艺和安全防护等事项上违反国家规定，严重不负责任，引发重大伤亡事故，情节特别恶劣。该公司董事长、总经理、安全生产主管最终被法院判决构成重大劳动安全事故罪。[1]

对于从事金属加工、化工、建筑、采矿的企业以及其他生产型企业，特别要注意建立安全生产管理机制，落实安全生产和防护设施，加强安全教育，建立安

---

① 参见江苏省昆山市人民法院（2015）昆刑二初字第00032号刑事判决书。

全责任追究制度。一旦发生重大安全事故，造成广泛的社会影响，担任企业负责人的企业家很难摆脱责任追究。

二、欺诈发行股票、债券罪

《刑法》第160条规定："在招股说明书、认股书、公司、企业债券募集办法中隐瞒重要事实或者编造重大虚假内容，发行股票或者公司、企业债券，数额巨大、后果严重或者有其他严重情节的，处五年以下有期徒刑或者拘役，并处或者单处非法募集资金金额百分之一以上百分之五以下罚金。单位犯前款罪的，对单位判处罚金，并对其直接负责的主管人员和其他直接责任人员，处五年以下有期徒刑或者拘役。"

本罪侵害的客体为证券金融市场的管理秩序和投资者的合法权益。客观方面表现为通过隐瞒重要事实或者编造重大虚假内容，骗过监管层，实现股票、债券的欺诈发行和上市。主体是实施欺诈行为的单位和个人。主观方面是典型的故意。

由于资本市场能够带来巨大的利益，但资本市场特别是主板和中小板市场门槛较高，一般企业难以达到上市条件，为了巨大的利益，有人选择铤而走险，欺诈发行、造假上市的事件时有发生。从以往的案例来看，欺诈发行主要是通过各种手段进行财务造假。

由于造假行为的显露需要一段时间，等发现时，造假企业的老板已经"身家飙升"，按照本条处理最多也仅为五年有期徒刑，募集资金金额5%的罚金，相对于造假者获得利益以及给投资者造成的损失，这种处罚力度显得远远不够。可以说，我国目前的证券法律责任追究制度是不够健全的，对造假行为的预防和事后追责制度都需要进一步完善。

三、违规披露、不披露重要信息罪

《刑法》第161条规定："依法负有信息披露义务的公司、企业向股东和社会公众提供虚假的或者隐瞒重要事实的财务会计报告，或者对依法应当披露的其他重要信息不按照规定披露，严重损害股东或者其他人利益，或者有其他严重情节的，对其直接负责的主管人员和其他直接责任人员，处三年以下有期徒刑或者拘役，并处或者单处二万元以上二十万元以下罚金。”

本罪侵害的客体是证券市场信息管理制度和股东以及公众投资者的利益。客观方面表现为具有真实信息披露义务而不遵守，向股东和社会公众提供虚假的或者隐瞒重要事实的财务会计报告和其他信息，严重损害股东或者其他人利益，或者有其他严重情节。本罪的主体是依法负有信息披露义务的公司、企业，主要是上市公司、非上市公众公司以及银行、证券、保险等实施监管的企业。本罪是单位犯罪，但刑罚处罚上只追究直接负责的主管人员和其他直接责任人员的刑事责任。主观方面为故意。

证券市场涉及广泛市场主体的利益，涉及国家金融安全和社会稳定，公众公司负有及时、真实的信息披露义务。除了定期报告以外，凡是足以引起公司股价异常波动的事件发生，均应及时履行信息披露义务。

本罪的常见形态是上市公司证券虚假陈述。例如，某上市公司披露年度报告，显示公司上年度业绩较快增长，投资者分析公司公告后，坚定看好公司前景，大笔买入该公司股票。但一段时间以后，监管层发现公司财务报告造假，公司股票出现连续下跌，投资者损失惨重。这种情况下，企业负责人不仅可能会构成本罪，还会面临大规模的民事赔偿诉讼，以及行政处罚。

四、非国家工作人员受贿罪

《刑法》第 163 条规定：“公司、企业或者其他单位的工作人员利用职务上的便利，索取他人财物或者非法收受他人财物，为他人谋取利益，数额较大的，处五年以下有期徒刑或者拘役，数额巨大的，处五年以上有期徒刑，可以并处没收财产。公司、企业或者其他单位的工作人员在经济往来中，利用职务上的便利，违反国家规定，收受各种名义的回扣、手续费，归个人所有的，依照前款的规定处罚。国有公司、企业或者其他国有单位中从事公务的人员和国有公司、企业或者其他国有单位委派到非国有公司、企业以及其他单位从事公务的人员有前两款行为的，依照本法第三百八十五条、第三百八十六条的规定定罪处罚。”

本罪侵害的客体是市场经济秩序以及非国家工作人员工作的廉洁性。客观方面表现为利用职务上的便利，索取他人财物或者非法收受他人财物，为他人谋取利益，数额较大。依据《最高人民法院、最高人民检察院关于办理贪污贿赂刑事案件适用法律若干问题的解释》，本罪的“数额较大”标准为六万元，“数额巨大”标准为一百万元。主体为公司、企业或者其他单位的工作人员，这也是本罪与受贿罪最大的区别。主观方面是故意。

需要注意的是，获取账内明示的回扣、中间人获取居间费、获得明示的折扣这些行为是不构成本罪的。本罪的典型形态，是非国有公司的工作人员在代表公司对外从事经营活动时，将交易机会优先给予某个主体，并索取财物或者接受财物，数额较大的。

商业贿赂本身不是一个刑法概念，本罪与对非国家工作人员行贿罪属于通俗意义上的商业贿赂。商业贿赂、回扣破坏公平、公正的市场竞争秩序，不利于提高产品质量，不利于提高企业核心竞争力。企业家应当提高警惕，不能侥幸认为普遍存在的现象就不是犯罪。业务往来中，企业中的非国家工作人员，利用职务上的便利收受各种名义的回扣、手续费或者其他利益，归个人所有的，构成本罪。

五、对非国家工作人员行贿罪

《刑法》第164条规定：“为谋取不正当利益，给予公司、企业或者其他单位的工作人员以财物，数额较大的，处三年以下有期徒刑或者拘役，并处罚金；数额巨大的，处三年以上十年以下有期徒刑，并处罚金。为谋取不正当商业利益，给予外国公职人员或者国际公共组织官员以财物的，依照前款的规定处罚。单位犯前两款罪的，对单位判处罚金，并对其直接负责的主管人员和其他直接责任人员，依照第一款的规定处罚。行贿人在被追诉前主动交待行贿行为的，可以减轻处罚或者免除处罚。”

本罪侵害的客体是市场经济秩序以及非国家工作人员工作的廉洁性。客观方面表现为为谋取不正当利益，给予公司、企业或者其他单位的工作人员以财物，数额较大的。数额较大的标准为人民币六万元。主体是一般主体，达到刑事责任年龄且具备刑事责任能力的自然人，均可构成本罪，此外单位亦可构成本罪。主观方面是故意。构成本罪要求行为主体谋取不正当利益，是否实际获取了不正当利益，不影响本罪的构成。

《反不正当竞争法》第 7 条规定："经营者不得采用财物或者其他手段贿赂下列单位或者个人，以谋取交易机会或者竞争优势：（一）交易相对方的工作人员；（二）受交易相对方委托办理相关事务的单位或者个人；（三）利用职权或者影响力影响交易的单位或者个人。经营者在交易活动中，可以以明示方式向交易相对方支付折扣，或者向中间人支付佣金。经营者向交易相对方支付折扣、向中间人支付佣金的，应当如实入账。接受折扣、佣金的经营者也应当如实入账。经营者的工作人员进行贿赂的，应当认定为经营者的行为；但是，经营者有证据证明该工作人员的行为与为经营者谋取交易机会或者竞争优势无关的除外。"

商业贿赂问题在现实中普遍存在，为了获得交易机会，在销售、采购、招投标环节给予"回扣"的做法客观存在。例如，在医药行业，商业贿赂问题就比较严重。本罪与非国家工作人员受贿罪相对应，典型形态是经营者为了获得交易机会或竞争优势，贿赂交易对方工作人员，数额较大的。

本罪是企业工作人员和企业家"高发"的一个罪名，由于市场竞争激烈，为了获得交易机会，通过给予"回扣"的方式进行利益交换已数见不鲜。但普遍存在的现象不等于无罪。作为企业经营者，应当在提高企业研发创新能力、提高产品和服务质量上下功夫，通过提高企业综合竞争力获得市场优势，这样的企业才能走得长远，企业家才能永保太平。

六、非法吸收公众存款罪

《刑法》第 176 条规定："非法吸收公众存款或者变相吸收公众存款，扰乱金融秩序的，处三年以下有期徒刑或者拘役，并处或者单处二万元以上二十万元以下罚金；数额巨大或者有其他严重情节的，处三年以上十年以下有期徒刑，并处五万元以上五十万元以下罚金。单位犯前款罪的，对单位判处罚金，并对其直接负责的主管人员和其他直接责任人员，依照前款的规定处罚。”

本罪侵犯的客体是金融管理秩序。客观方面表现为，未经中国人民银行批准，向不特定对象吸收存款，出具凭证，承诺在一定期间内还本付息，或者变相向不特定对象吸收资金，承诺回报。主体为一般主体，达到刑事责任年龄且具备刑事责任能力的自然人，均可构成本罪，此外单位亦可构成本罪。主观方面为故意。

《最高人民法院关于审理非法集资刑事案件具体应用法律若干问题的解释》第3条规定：“非法吸收或者变相吸收公众存款，具有下列情形之一的，应当依法追究刑事责任：（一）个人非法吸收或者变相吸收公众存款，数额在20万元以上的，单位非法吸收或者变相吸收公众存款，数额在100万元以上的；（二）个人非法吸收或者变相吸收公众存款对象30人以上的，单位非法吸收或者变相吸收公众存款对象150人以上的；（三）个人非法吸收或者变相吸收公众存款，给存款人造成直接经济损失数额在10万元以上的，单位非法吸收或者变相吸收公众存款，给存款人造成直接经济损失数额在50万元以上的；（四）造成恶劣社会影响或者其他严重后果的……”。

近年来，民间资本活跃，民营企业融资困难，在某些地区，大规模爆发非法集资问题。非法集资不是一个刑法罪名，对应的主要是本罪和集资诈骗罪。随着P2P①、私募及其他各种理财模式的兴起，本罪成为金融犯罪领域高发的一个罪名。情节严重时，涉及金额特别巨大，社会涉及面广，易导致群体性事件发生。

对P2P、私募及其他各种理财模式的新型经济形态，避免构成非法集资，应重点掌握以下几点原则：（1）是否履行批准、登记、备案程序；（2）是否向不特定多数对象募集资金，对于私募基金，向200人以下合格投资者募集资金属于合规运作；（3）是否公开推介；（4）是否在经营者账户形成资金池；（5）是否承诺保本保收益。

近年来，虚拟经济形态兴起，其中以资产管理行业为代表。一些经营者盲目秉持“赚快钱”的理念，没有正确的经营观念和企业发展战略，造成了许多经济领域的乱象。金融业关系国民经济全局，从事金融行业的创业者应当保持高度

---

① P2P是peer to peer lending的简称，即个人对个人网络借款。

谨慎，加强合规风控理念和措施。

七、集资诈骗罪

《刑法》第192条规定：“以非法占有为目的，使用诈骗方法非法集资，数额较大的，处五年以下有期徒刑或者拘役，并处二万元以上二十万元以下罚金；数额巨大或者有其他严重情节的，处五年以上十年以下有期徒刑，并处五万元以上五十万元以下罚金；数额特别巨大或者有其他特别严重情节的，处十年以上有期徒刑或者无期徒刑，并处五万元以上五十万元以下罚金或者没收财产。”

本罪侵害的客体是公私财物所有权和国家金融管理秩序。客观方面表现为，使用诈骗方法非法集资，即通过编造谎言、隐瞒事实等诈骗手段使受害者基于错误认识交付财物，而且受害对象众多，形成资金聚集。主体是一般主体，达到刑事责任年龄且具备刑事责任能力的自然人，均可构成本罪，此外单位亦可构成本罪。主观方面为故意，以非法占有为目的是本罪的重要特征。

依据《最高人民法院关于审理非法集资刑事案件具体应用法律若干问题的解释》，具有下列情形之一的，可以认定为“以非法占有为目的”：“（一）集资后不用于生产经营活动或者用于生产经营活动与筹集资金规模明显不成比例，致使集资款不能返还的；（二）肆意挥霍集资款，致使集资款不能返还的；（三）携带集资款逃匿的；（四）将集资款用于违法犯罪活动的；（五）抽逃、转移资金、隐匿财产，逃避返还资金的；（六）隐匿、销毁账目，或者搞假破产、假倒闭，逃避返还资金的；（七）拒不交代资金去向，逃避返还资金的；（八）其他可以认定非法占有目的的情形。”

作为非法集资范畴的另一罪名，本罪的危害程度要大于非法吸收公众存款罪，二者的重要区别在于是否以非法占有为目的。一些人经不起高息诱惑，将辛苦攒下来的积蓄投入骗子腰包，最终血本无归，这是非常悲惨的事情。由于本罪属于经济犯罪，在经历了激烈的讨论后，《刑法修正案（九）》最终删除了本罪的死刑刑罚。

集资诈骗罪最著名的案例是浙江某集团公司女老板吴某案。2009年12月，金华市中级人民法院一审认定吴某构成集资诈骗罪，判处死刑，剥夺政治权利终身，并处没收个人全部财产。后吴某上诉，2012 年 1 月，浙江省高级人民法院裁定驳回上诉，维持原判。但 2012 年 4 月，最高人民法院未核准吴某死刑，将本案发回重审。2012 年 5 月，浙江省高级人民法院作出终审判决，改判死刑，缓期两年执行，剥夺政治权利终身，并处没收个人全部财产。2018 年，吴某被减为有期徒刑二十五年，剥夺政治权利十年。①

吴某案在全社会引起了广泛的关注和讨论，对我国刑法的发展、金融管理和创新产生了深远的影响。2015 年，《刑法修正案（九）》删除了集资诈骗罪的死刑刑罚。近年来，严重集资诈骗案件频发，互联网金融平台接连出事，有些涉案金额甚至达到百亿元，受害者达到数十万人，针对打着金融创新旗号进行的违法犯罪活动，需要有力的法律规制和监管。

八、逃税罪

《刑法》第 201 条规定："纳税人采取欺骗、隐瞒手段进行虚假纳税申报或者不申报，逃避缴纳税款数额较大并且占应纳税额百分之十以上的，处三年以下有期徒刑或者拘役，并处罚金；数额巨大并且占应纳税额百分之三十以上的，处三年以上七年以下有期徒刑，并处罚金。扣缴义务人采取前款所列手段，不缴或者少缴已扣、已收税款，数额较大的，依照前款的规定处罚。对多次实施前两款行为，未经处理的，按照累计数额计算。有第一款行为，经税务机关依法下达追缴通知后，补缴应纳税款，缴纳滞纳金，已受行政处罚的，不予追究刑事责任；但是，五年内因逃避缴纳税款受过刑事处罚或者被税务机关给予二次以上行政处罚的除外。"

本罪侵害的客体是国家的税收征收权和税收管理制度。客观方面表现为，纳税人采取欺骗、隐瞒手段进行虚假纳税申报或者不申报，逃避缴纳税款数额较大并且占应纳税额 10% 以上。主体是法律、法规规定负有纳税义务的单位或个人，

---

① 参见浙江省高级人民法院（2012）浙刑二重字第 1 号刑事判决书。

以及负有代扣代缴、代收代缴义务的扣缴义务人。主观方面是故意。

本罪在客观方面呈现复杂的形式，只要通过欺骗、隐瞒手段，逃避缴纳税款达到较大数额（目前为5万元）并且占应纳税额10%以上的，都符合本罪的客观方面构成要件。欺骗、隐瞒手段可以是伪造、隐匿、销毁会计账簿、记账凭证，也可以是多列支出、少列收入或不列收入、虚假纳税申报或不申报，还可以是其他变种形式。

结果上必须达到5万元且占应纳税额10%以上。与拒不支付劳动报酬罪存在类似，本罪存在处罚阻却事由，给予行为主体一次补救机会——经税务机关依法下达追缴通知后，补缴应纳税款，缴纳滞纳金，已受行政处罚的，不予追究刑事责任。但是五年内因逃避缴纳税款受过刑事处罚或者被税务机关给予二次以上行政处罚的不再给予机会。

企业经营过程中，必然涉及复杂的税务问题，为了降低经营成本，经营税务筹划和合理避税是可以的。税务筹划、合理避税与逃税的本质区别在于，税务筹划、合理避税是利用法律上有规定或者不禁止的手段、合理谋划，实现少交、晚交或者分期缴纳税款的目的。而逃税罪是违反了法律、法规的规定，符合刑法上逃税罪犯罪构成的情形。由于税法的复杂性，税务筹划、合理避税与逃税的界限有时难以区分，此时企业应当保持谨慎，注意与税务部门的沟通。如果收到追缴通知或者行政处罚决定应当补缴税款，如果确有合理理由，可以进行行政复议或行政诉讼。

企业家、职业经理人、艺术家、文体明星等高收入人群应当注意学习税收政策，避免本罪的风险。

九、虚开增值税专用发票、用于骗取出口退税、抵扣税款发票罪与虚开发票罪

《刑法》第205条规定："虚开增值税专用发票或者虚开用于骗取出口退税、抵扣税款的其他发票的，处三年以下有期徒刑或者拘役，并处二万元以上二十万元以下罚金；虚开的税款数额较大或者有其他严重情节的，处三年以上十年以下有期徒刑，并处五万元以上五十万元以下罚金；虚开的税款数额巨大或者有其他

特别严重情节的，处十年以上有期徒刑或者无期徒刑，并处五万元以上五十万元以下罚金或者没收财产。单位犯本条规定之罪的，对单位判处罚金，并对其直接负责的主管人员和其他直接责任人员，处三年以下有期徒刑或者拘役；虚开的税款数额较大或者有其他严重情节的，处三年以上十年以下有期徒刑；虚开的税款数额巨大或者有其他特别严重情节的，处十年以上有期徒刑或者无期徒刑。虚开增值税专用发票或者虚开用于骗取出口退税、抵扣税款的其他发票，是指有为他人虚开、为自己虚开、让他人为自己虚开、介绍他人虚开行为之一的。"

《刑法》第205条之一规定："虚开本法第二百零五条规定以外的其他发票，情节严重的，处二年以下有期徒刑、拘役或者管制，并处罚金；情节特别严重的，处二年以上七年以下有期徒刑，并处罚金。单位犯前款罪的，对单位判处罚金，并对其直接负责的主管人员和其他直接责任人员，依照前款的规定处罚。"

两罪侵害的客体为国家税收征收权，税收管理秩序和经济管理秩序。客观方面表现为，为他人虚开、为自己虚开、让他人为自己虚开、介绍他人虚开增值税专用发票或者虚开用于骗取出口退税、抵扣税款的发票以及其他发票。主体是一般主体，达到刑事责任年龄且具备刑事责任能力的自然人，均可构成本罪，此外单位亦可构成本罪，对单位实行双罚制。主观方面是故意。

根据《最高人民法院关于虚开增值税专用发票定罪量刑标准有关问题的通知》（法〔2018〕226号），虚开的税款数额在五万元以上的，以虚开增值税专用发票罪处三年以下有期徒刑或者拘役，并处二万元以上二十万元以下罚金；虚开的税款数额在五十万元以上的，认定为《刑法》第二百零五条规定的"数额较大"；虚开的税款数额在二百五十万元以上的，认定为《刑法》第二百零五条规定的"数额巨大"。

《最高人民法院关于审理骗取出口退税刑事案件具体应用法律若干问题的解释》（法释〔2002〕30号）的第3条规定："骗取国家出口退税款5万元以上的，为刑法第二百零四条规定的'数额较大'；骗取国家出口退税款50万元以上的，为刑法第二百零四条规定的'数额巨大'；骗取国家出口退税款250万元以上的，为刑法第二百零四条规定的'数额特别巨大'"。

根据《最高人民法院关于虚开增值税专用发票定罪量刑标准有关问题的通知》（法〔2018〕226号），“在新的司法解释颁行前，对虚开增值税专用发票刑事案件定罪量刑的数额标准，可以参照《最高人民法院关于审理骗取出口退税刑事案件具体应用法律若干问题的解释》（法释〔2002〕30号）第三条的规定执行，即虚开的税款数额在五万元以上的，以虚开增值税专用发票罪处三年以下有期徒刑或者拘役，并处二万元以上二十万元以下罚金；虚开的税款数额在五十万元以上的，认定为刑法第二百零五条规定的‘数额较大’；虚开的税款数额在二百五十万元以上的，认定为刑法第二百零五条规定的‘数额巨大’”。

此两罪的主要行为特征是，在没有货物购销或者没有提供、接受应税劳务的背景下，为他人虚开、为自己虚开、让他人为自己虚开、介绍他人虚开增值税专用发票或者虚开用于骗取出口退税、抵扣税款的发票以及其他发票。在有些案件中，行为人通过伪造合同，制造现金流和货物流，人为创造出存在交易的假象，以图骗过税务稽查。

此两罪是经济领域高发的罪名，主要原因是税收利益驱使，最高刑可达无期徒刑，是比较严重的罪名。实践中，犯此两罪的许多案例涉案金额达到巨大标准，结果是企业经营者面临时间漫长的有期徒刑。

十、侵犯商业秘密罪

《刑法》第219条规定：“有下列侵犯商业秘密行为之一，给商业秘密的权利人造成重大损失的，处三年以下有期徒刑或者拘役，并处或者单处罚金；造成特别严重后果的，处三年以上七年以下有期徒刑，并处罚金：（一）以盗窃、利诱、胁迫或者其他不正当手段获取权利人的商业秘密的；（二）披露、使用或者允许他人使用以前项手段获取的权利人的商业秘密的；（三）违反约定或者违反权利人有关保守商业秘密的要求，披露、使用或者允许他人使用其所掌握的商业秘密的。明知或者应知前款所列行为，获取、使用或者披露他人的商业秘密的，以侵犯商业秘密论。本条所称商业秘密，是指不为公众所知悉，能为权利人带来经济利益，具有实用性并经权利人采取保密措施的技术信息和经营信息。本条所称权利人，是指商业秘密的所有人和经商业秘密所有人许可的商业秘密使用人。”

本罪侵害的客体是权利人的商业秘密权益和市场经济秩序。客观方面表现为，行为主体以不正当手段获取权利人的商业秘密，披露、使用或者允许他人使用以不正当手段获取的权利人的商业秘密，违反约定或者违反权利人有关保守商业秘密的要求，披露、使用或者允许他人使用其所掌握的商业秘密。主体为一般主体，达到刑事责任年龄且具备刑事责任能力的自然人，均可构成本罪，此外单位亦可构成本罪。主观方面是故意。

《反不正当竞争法》第9条规定："经营者不得实施下列侵犯商业秘密的行为：（一）以盗窃、贿赂、欺诈、胁迫、电子侵入或者其他不正当手段获取权利人的商业秘密；（二）披露、使用或者允许他人使用以前项手段获取的权利人的商业秘密；（三）违反保密义务或者违反权利人有关保守商业秘密的要求，披露、使用或者允许他人使用其所掌握的商业秘密；（四）教唆、引诱、帮助他人违反保密义务或者违反权利人有关保守商业秘密的要求，获取、披露、使用或者允许他人使用权利人的商业秘密。经营者以外的其他自然人、法人和非法人组织实施前款所列违法行为的，视为侵犯商业秘密。第三人明知或者应知商业秘密权利人的员工、前员工或者其他单位、个人实施本条第一款所列违法行为，仍获取、披露、使用或者允许他人使用该商业秘密的，视为侵犯商业秘密。本法所称的商业秘密，是指不为公众所知悉、具有商业价值并经权利人采取相应保密措施的技术信息、经营信息等商业信息。”

商业秘密主要包括两大类：一是技术秘密，如非专利技术、专有技术、设计图纸、程序代码、产品模型、制作工艺、产品秘方等；二是经营秘密，如重要会议纪要、客户资料、销售渠道、市场信息、招投标信息、各类财务资料、人事档案等。

关于商业秘密的保护，反不正当竞争法上强调的是市场经营者的行为，劳动合同法上强调的是劳动者的行为，刑法上适用的主体范围更广，无论是劳动者还是经营者或者其他主体，严重侵犯他人商业秘密的，都会成为刑事责任主体。

现实中，公司技术骨干或高管离职后携带公司商业秘密资料创办其他与原公司业务相竞争的公司或者到此类企业任职，容易触犯本罪。对于公司来讲，需要做好商业秘密保护的系统性工作。对于离职的技术骨干或企业高管，应当注意保护自己，在办理离职手续时，向公司交接商业秘密资料，并保留证据。

十一、合同诈骗罪

《刑法》第224条规定："有下列情形之一，以非法占有为目的，在签订、履行合同过程中，骗取对方当事人财物，数额较大的，处三年以下有期徒刑或者拘役，并处或者单处罚金；数额巨大或者有其他严重情节的，处三年以上十年以下有期徒刑，并处罚金；数额特别巨大或者有其他特别严重情节的，处十年以上有期徒刑或者无期徒刑，并处罚金或者没收财产：（一）以虚构的单位或者冒用他人名义签订合同的；（二）以伪造、变造、作废的票据或者其他虚假的产权证明作担保的；（三）没有实际履行能力，以先履行小额合同或者部分履行合同的方法，诱骗对方当事人继续签订和履行合同的；（四）收受对方当事人给付的货物、货款、预付款或者担保财产后逃匿的；（五）以其他方法骗取对方当事人财物的。"

本罪侵害的客体是公私财产所有权和市场经济秩序。客观方面表现为，在签订、履行合同过程中，通过编造谎言、隐瞒事实等诈骗手段，骗取对方当事人财物，数额较大。主体为一般主体，达到刑事责任年龄且具备刑事责任能力的自然人，均可构成本罪，根据《刑法》第231条之规定，单位亦可构成本罪。主观方面是典型的故意。

本罪与诈骗罪是特殊与一般的关系，形成法条竞合。在签订、履行合同过程中，实施诈骗的，应当以合同诈骗罪定罪量刑。

随着经济的发展，民商事交易形态日益复杂，合同的签订、履行、变更、解除、终止以及违约，在实践中，呈现出复杂的法律状态。因此，民事合同纠纷与合同诈骗罪有时很难区分。

区分民事合同纠纷与合同诈骗罪应从以下方面考量：（1）是否以非法占用为目的；（2）从编造谎言，隐瞒事实的程度判断是合同欺诈还是刑事诈骗；（3）是否具有履约意思和能力；（4）实际履约程度；（5）对财产的处置情况。

十二、非法经营罪

《刑法》第225条规定："违反国家规定，有下列非法经营行为之一，扰乱市场秩序，情节严重的，处五年以下有期徒刑或者拘役，并处或者单处违法所得一倍以上五倍以下罚金；情节特别严重的，处五年以上有期徒刑，并处违法所得一倍以上五倍以下罚金或者没收财产：（一）未经许可经营法律、行政法规规定的专营、专卖物品或者其他限制买卖的物品的；（二）买卖进出口许可证、进出口原产地证明以及其他法律、行政法规规定的经营许可证或者批准文件的；（三）未经国家有关主管部门批准非法经营证券、期货、保险业务的，或者非法从事资金支付结算业务的；（四）其他严重扰乱市场秩序的非法经营行为。"

本罪侵害的客体是国家专营、专卖物品和经营许可证的管理秩序。客观方面表现为未经许可经营专营、专卖物品或者其他限制买卖的物品，买卖进出口许可证、进出口原产地证明以及其他法律、行政法规规定的经营许可证或者批准文件，未经国家有关主管部门批准非法经营证券、期货、保险业务的，或者非法从事资金支付结算业务，以及从事其他扰乱市场秩序的非法经营行为，情节严重的。主体为一般主体，达到刑事责任年龄且具备刑事责任能力的自然人，均可构成本罪，单位亦可构成本罪。主观方面为故意。

自古以来，国家对工商业某些行业会实行许可管理，如古代的盐铁官营。非法经营罪主要是规制未经许可经营特定行业业务的行为，典型的如食用盐、烟草、印刷、出版、金融等行业。

需要注意的事，由于本罪边界不明显，长期以来存在"口袋化"倾向。区分本罪与一般非法经营行为的重点在于是否达到情节严重程度，具体应参考相应情节的量刑标准。对于"其他严重扰乱市场秩序的非法经营行为"应当作严格解释，根据《最高人民法院关于准确理解和适用刑法中"国家规定"的有关问题的通知》，有关司法解释未作明确规定的，应当作为法律适用问题，逐级向最高人民法院请示。

十三、非法转让、倒卖土地使用权罪

《刑法》第228条规定："以牟利为目的，违反土地管理法规，非法转让、倒卖土地使用权，情节严重的，处三年以下有期徒刑或者拘役，并处或者单处非法转让、倒卖土地使用权价额百分之五以上百分之二十以下罚金；情节特别严重的，处三年以上七年以下有期徒刑，并处非法转让、倒卖土地使用权价额百分之五以上百分之二十以下罚金。"

本罪侵害的客体是国家土地管理制度。客观方面表现为，违反土地管理法规，非法转让、倒卖土地使用权，情节严重的。主体为一般主体，达到刑事责任年龄且具备刑事责任能力的自然人，均可构成本罪，根据《刑法》二百三十一条，单位亦可构成本罪。主观方面为故意。

土地制度涉及一国之根本。在我国，土地只能由国家和集体所有，个人和企业只能享有使用权。由于在一段时期土地市场因不规范而发生一些问题，严重损害国家利益，刑法规定了本罪。然而，国有土地使用权出让和招拍挂制度建立以后，本罪的适用在理论上和实践中面临一些困境。

由于土地涉及的利益巨大，土地问题往往成为各方争取利益的焦点。争议最多的是通过股权转让行为转让土地使用权会不会构成本罪？认为构成犯罪的主要观点是其"以合法形式掩盖非法目的"、应"透过现象看本质"。

笔者认为，一般情况下，如果建设项目已经立项，通过股权转让行为转让土地使用权的，不应被认为构成本罪。根据罪刑法定原则和刑法的谦抑性，刑法不能被任意扩大解释，否则会带来一系列问题。股权是股东因出资而享有的权利，股东有转让股权的自由。随着并购重组交易的兴起，实践中通过并购、股权转让、合作开发等方式从事生产经营已经成为常态，如房地产项目转让、在建工程转让等。

在市场经济条件下，本罪的规定已经与现实情况出现不符，存在被选择性使用的风险。这不符合法律面前人人平等的基本原则。因此，是否应当对本罪进行修改是一个值得立法机关研究的课题。

作为企业家，在本罪尚未修改之前，应当树立风险意识。

十四、职务侵占罪

《刑法》第271条第1款规定："公司、企业或者其他单位的人员，利用职务上的便利，将本单位财物非法占为己有，数额较大的，处五年以下有期徒刑或者拘役；数额巨大的，处五年以上有期徒刑，可以并处没收财产。"

本罪侵害的客体是公司、企业或者其他单位的财产所有权。客观方面表现为，利用职务上的便利，将本单位财物非法占为己有，数额较大的，目前数额较大的立案标准为六万元。主体为特殊主体，非国有性质的，公司、企业或者其他单位的人员才能构成本罪，另外单位不能构成本罪。主观上为故意，以非法占有为目的。

本罪可理解为非国家工作人员的"贪污罪"，行为特征与贪污罪相似，都是利用职务上便利，将本单位财物非法占为己有。但主体不同，国家工作人员，国有公司、企业或者其他国有单位中从事公务的人员和国有公司、企业或者其他国有单位委派到非国有公司、企业以及其他单位从事公务的人员，利用职务便利，非法占有单位财物的，以贪污罪定罪量刑。区分两罪的关键在于国家工作人员身份的界定，具体需要从股权结构、工作性质等方面分析。

本罪高发人群是公司的董事、监事、财务总监、经理，以及负责企业特定工作的其他工作人员。核心行为特征是利用职务便利，占有单位财产，无论行为的外观是什么，只要其本质是利用职务便利，占有单位财产，且数额达到标准的，即可构成本罪。

公司具有法人独立人格，公司的财产与股东的财产相互独立。实践中，有些中小企业为少缴税，将公司营业收入转入股东个人账户，公司账户与个人账户混同。该行为存在重大法律风险，容易被认定为职务侵占罪，企业家应当注意避免个人账户收款问题。

从以往的案例来看，企业家职务侵占和挪用资金的罪行败露经常是从企业家与合伙人、投资者发生纠纷，以及企业家出现离婚等家庭纠纷时昔日伙伴或伴侣反目，互相揭发开始的。在一些公司股权民商事纠纷中，往往会迁出职务侵占罪和挪用资金罪问题，届时，这将成为企业家的软肋，让企业家在民商事纠纷的处理中处于被动状态。

十五、挪用资金罪

《刑法》第272条第1款规定："公司、企业或者其他单位的工作人员，利用职务上的便利，挪用本单位资金归个人使用或者借贷给他人，数额较大、超过三个月未还的，或者虽未超过三个月，但数额较大、进行营利活动的，或者进行非法活动的，处三年以下有期徒刑或者拘役；挪用本单位资金数额巨大的，或者数额较大不退还的，处三年以上十年以下有期徒刑。"

本罪侵害的客体是公司、企业或者其他单位的资金使用、收益权。客观方面表现为利用职务上的便利，挪用本单位资金归个人使用或者借贷给他人，数额较大、超过三个月未还的，或者虽未超过三个月，但数额较大、进行营利活动的，或者进行非法活动的。根据《最高人民法院、最高人民检察院关于办理贪污贿赂刑事案件适用法律若干问题的解释》，本罪的数额较大标准目前为六万元。主体为特殊主体，是非国有公司、企业或者其他单位的工作人员，这是本罪和挪用公款罪的主要区别。国有公司、企业或者其他国有单位中从事公务的人员和国有公司、企业或者其他国有单位委派到非国有公司、企业以及其他单位从事公务的人员实施前述行为的，按照挪用公款罪定罪量刑。主观方面为故意，与职务侵占罪不同的是，本罪行为人主观不具有永久占有的故意，而是想暂时使用，所以本罪的起刑点要低于职务侵占罪。

本罪的资金可以做扩大解释，货币资金、银行存款、股票、债券等有价证券，甚至特定情况下的预收账款、应收账款、货物、财物都可成为本罪的犯罪对象。本罪的主要特征是意图暂时性挪用公司、企业或者其他单位的资金，超过三个月或者进行营利活动、非法活动，使单位的资金处于一种不稳定、不安全的状态，最终资金是否归还不影响本罪的构成，但可以影响本罪的量刑。

本罪与职务侵占罪经常相伴而生，前已述及，有些中小企业为少缴税，将公司营业收入转入股东个人账户，容易被认定为职务侵占罪，同样，该行为也存在被认定为构成挪用资金罪的法律风险。

【案例】

挪用资金的刑事责任风险与民事责任风险

A公司是一家房地产公司，股东有甲、乙二人，甲持股70%，乙持股30%。甲担任法定代表人和总经理。该公司的日常一直是甲在负责，公司印章、证照和账务均由甲控制。后来，甲和丙又成立了另外一家房地产公司，即B公司，由于B公司购买土地资金不够，甲分两批从A公司账户将1.5亿元土地出让金直接支付至国土局账户。几年后，B公司所在地房价暴涨，B公司因此盈利丰厚，甲陆续将1.5亿元资金归还到A公司账户。

后来，甲与乙因其他经营往来发生纠纷，关系破裂，乙查账后得知甲曾经挪用A公司1.5亿元的事情。

乙咨询律师后，律师告诉乙，甲的行为涉嫌挪用资金罪，可以以此与甲进行谈判。另外律师还告诉乙，《公司法》第148条有如下规定："董事、高级管理人员不得有下列行为：（一）挪用公司资金；（二）将公司资金以其个人名义或者以其他个人名义开立账户存储；（三）违反公司章程的规定，未经股东会、股东大会或者董事会同意，将公司资金借贷给他人或者以公司财产为他人提供担保；（四）违反公司章程的规定或者未经股东会、股东大会同意，与本公司订立合同或者进行交易；（五）未经股东会或者股东大会同意，利用职务便利为自己或者他人谋取属于公司的商业机会，自营或者为他人经营与所任职公司同类的业务；（六）接受他人与公司交易的佣金归为己有；（七）擅自披露公司秘密；（八）违反对公司忠实义务的其他行为。董事、高级管理人员违反前款规定所得的收入应当归公司所有。"根据以上规定，甲挪用A公司资金给B公司经营使用，现B公司盈利丰厚，应当将1.5亿元资本金对应的收益归入A公司。这是公司归入权的规定，可以据此制定诉讼策略。

十六、拒不支付劳动报酬罪

《刑法》第276条之一规定："以转移财产、逃匿等方法逃避支付劳动者的劳动报酬或者有能力支付而不支付劳动者的劳动报酬，数额较大，经政府有关部门责令支付仍不支付的，处三年以下有期徒刑或者拘役，并处或者单处罚金；造成严重后果的，处三年以上七年以下有期徒刑，并处罚金。单位犯前款罪的，对单位判处罚金，并对其直接负责的主管人员和其他直接责任人员，依照前款的规定处罚。有前两款行为，尚未造成严重后果，在提起公诉前支付劳动者的劳动报酬，并依法承担相应赔偿责任的，可以减轻或者免除处罚。”

本罪侵害的客体是劳动者获得劳动报酬的权利，以及经济管理秩序。客观方面表现通过为转移财产、逃匿等方法逃避支付劳动者劳动报酬，或者有能力支付而不支付劳动者的劳动报酬，数额较大，经政府有关部门责令支付仍不支付的。主体为一般主体，达到刑事责任年龄且具备刑事责任能力的自然人，均可构成本罪，单位亦可构成本罪。主观方面为故意。

及时支付劳动报酬，是雇主的基本义务。如果没有特殊原因，不支付或者拖延支付劳动报酬，这样的企业一定不是好企业，更不可能走得远。本罪与逃税罪类似，给予行为主体一次补救的机会，经政府有关部门责令后支付劳动报酬，不构成本罪。本罪存在处罚阻却事由，在量刑方面，尚未造成严重后果，在提起公诉前支付劳动者的劳动报酬的，并依法承担相应赔偿责任的，给予从宽处罚。

实践中，拖欠劳动者工资的情况较普遍存在，大多数情况下只是劳动纠纷。但如果数额较大，且经政府有关部门责令支付仍不支付的，理论上可以构成本罪。

十七、污染环境罪

《刑法》第338条规定：“违反国家规定，排放、倾倒或者处置有放射性的废物、含传染病病原体的废物、有毒物质或者其他有害物质，严重污染环境的，处三年以下有期徒刑或者拘役，并处或者单处罚金；后果特别严重的，处三年以上七年以下有期徒刑，并处罚金。”

本罪侵害的客体是自然环境。客观方面表现为违反国家规定，排放、倾倒或者处置有放射性的废物、含传染病病原体的废物、有毒物质或者其他有害物质，严重污染环境。主体为一般主体，达到刑事责任年龄且具备刑事责任能力的自然人，均可构成本罪，此外单位亦可构成本罪。主观方面是故意。

过去几十年，中国经济经历了一段高速发展期，然而粗放式的发展模式严重依赖能源消耗、人口红利并破坏环境。从世界范围看，从日本水俣病事件、英国伦敦烟雾事件，到中国的松花江水污染事件等说明环境污染事故从未远离我们。而如今，距离美国生物学家蕾切尔·卡逊的著作《寂静的春天》出版，已经过去了半个多世纪。随着科学发展观、生态文明建设等先进理念的提出，我们越来越意识到环境问题的重要性。将绿水青山留给子孙后代，是我们这代人的义务。

现实中，工业企业，特别是一些化工企业为了节约环保投入，偷排、漏排的行为依然在发生。而一个好的企业，不仅要具备出色的盈利能力，更要努力承担社会责任。随着经济转型升级，环保产业、新能源产业、绿色产业将迎来一个长期的高速发展阶段。

十八、行贿罪

《刑法》第389条规定："为谋取不正当利益，给予国家工作人员以财物的，是行贿罪。在经济往来中，违反国家规定，给予国家工作人员以财物，数额较大的，或者违反国家规定，给予国家工作人员以各种名义的回扣、手续费的，以行贿论处。因被勒索给予国家工作人员以财物，没有获得不正当利益的，不是行贿。"

《刑法》第390条规定："对犯行贿罪的，处五年以下有期徒刑或者拘役，并处罚金；因行贿谋取不正当利益，情节严重的，或者使国家利益遭受重大损失的，处五年以上十年以下有期徒刑，并处罚金；情节特别严重的，或者使国家利益遭受特别重大损失的，处十年以上有期徒刑或者无期徒刑，并处罚金或者没收财产。行贿人在被追诉前主动交待行贿行为的，可以从轻或者减轻处罚。其中，犯罪较轻的，对侦破重大案件起关键作用的，或者有重大立功表现的，可以减轻或者免除处罚。"

本罪侵害的客体是复杂客体，包括国家和公共利益、国家工作人员的廉洁性、经济管理秩序等。客观方面表现为为谋取不正当利益，给予国家工作人员财物。主体为一般主体，达到刑事责任年龄且具备刑事责任能力的自然人，均可构成本罪，不包括单位。主观方面是故意。《最高人民法院、最高人民检察院关于办理贪污贿赂刑事案件适用法律若干问题的解释》对本罪的认定和量刑有比较详细的规定。

这是一个古老的罪名，自从人类社会有了行政，就有了行贿行为。商人与官员接触易发生权钱交易的行贿行为。本罪是企业家最容易触犯的罪名之一，几十年来，因为本罪受到惩罚的企业家无数。一些商人希望通过行贿获得垄断资源，借此摆脱激烈的市场竞争，获得超额利润。巨大的利益驱动，导致行贿受贿行为频繁发生。

胡雪岩结识封疆大吏，成为一代巨商，但最终还是身陷官场斗争，家破人亡。企业家深刻明白“没有永远的朋友，只有永远的利益”之道理，就应该懂得通过行贿构建的“联盟”只是短期的利益共同体，长远来看，危机重重。行贿罪和受贿罪处于一对一的封闭场景，具有极大的隐蔽性。但是商业上的获取异常利润、利益输送、特殊安排等行为，常伴有权钱交易的深刻背景，犯罪动机容易被发现。另外，官员落马后为求立功，将其他案件和人员牵扯出来也是常见的情形。

所以，自由和生命才是我们最宝贵的东西，只有自由呼吸的生命才能全身心地投入我们的理想事业。我们的企业只有在商业模式、人才、技术、创新、管理、质量等方面下功夫，才能基业长青。正所谓，人间正道是沧桑。

十九、对有影响力的人行贿罪

《刑法》第 390 条之一规定：“为谋取不正当利益，向国家工作人员的近亲属或者其他与该国家工作人员关系密切的人，或者向离职的国家工作人员或者其近亲属以及其他与其关系密切的人行贿的，处三年以下有期徒刑或者拘役，并处罚金；情节严重的，或者使国家利益遭受重大损失的，处三年以上七年以下有期徒刑，并处罚金；情节特别严重的，或者使国家利益遭受特别重大损失的，处七年以上十年以下有期徒刑，并处罚金。单位犯前款罪的，对单位判处罚金，并对其直接负责的主管人员和其他直接责任人员，处三年以下有期徒刑或者拘役，并处罚金。”

本罪侵害的客体是复杂客体，包括国家和公共利益、国家工作人员的廉洁性、经济管理秩序等。客观方面表现为，为谋取不正当利益，向国家工作人员的近亲属或者其他与该国家工作人员关系密切的人，或者向离职的国家工作人员或者其近亲属以及其他与其关系密切的人行贿。主体为一般主体，达到刑事责任年龄且具备刑事责任能力的自然人，均可构成本罪，单位亦可构成本罪。主观方面是故意。

本罪为《刑法修正案（九）》新增罪名，新增本罪是为了解决近年来高发的官员通过亲属等关系密切的人发生腐败的问题，弥补了被腐败分子用来规避行贿受贿犯罪的法律漏洞。

二十、对单位行贿罪

《刑法》第391条规定：“为谋取不正当利益，给予国家机关、国有公司、企业、事业单位、人民团体以财物的，或者在经济往来中，违反国家规定，给予各种名义的回扣、手续费的，处三年以下有期徒刑或者拘役，并处罚金。单位犯前款罪的，对单位判处罚金，并对其直接负责的主管人员和其他直接责任人员，依照前款的规定处罚。”

本罪侵害的客体是复杂客体，包括国家和公共利益、国家机关工作的廉洁性、经济管理秩序等。客观方面表现为，为谋取不正当利益，给予国家机关、国有公司、企业、事业单位、人民团体以财物的，或者在经济往来中，违反国家规定，给予各种名义的回扣、手续费。主体为一般主体，达到刑事责任年龄且具备刑事责任能力的自然人，均可构成本罪，单位亦可构成本罪。主观方面是故意。

本罪与其他行贿犯罪的主要区别在于，行贿的对象为国家机关、国有公司、企业、事业单位、人民团体。

二十一、单位行贿罪

《刑法》第393条规定："单位为谋取不正当利益而行贿，或者违反国家规定，给予国家工作人员以回扣、手续费，情节严重的，对单位判处罚金，并对其直接负责的主管人员和其他直接责任人员，处五年以下有期徒刑或者拘役，并处罚金。因行贿取得的违法所得归个人所有的，依照本法第三百八十九条、第三百九十条的规定定罪处罚。"

本罪侵害的客体是复杂客体，包括国家和公共利益、国家工作人员的廉洁性、经济管理秩序等。客观方面表现为，为谋取不正当利益而行贿，或者违反国家规定，给予国家工作人员以回扣、手续费，情节严重的。主体为单位，自然人不能构成本罪。主观方面是故意。

本罪的犯罪主体是单位，但是实行双罚制，即单位构成本罪的直接负责的主管人员和其他直接责任人员会受到刑事处罚，所以企业家应当认识到单位行贿，自身也会面临刑事责任风险。

第九章 企业破产与拯救

由于近几年行业周期处于低谷，加上老陶事件的影响，老秦公司的经营业绩出现连续下滑。

为挽救颓势，公司在另一新领域展开布局。这一年，公司因为新项目失败而损失惨重，现金流出现危机，公司已出现退市风险。

由于多笔资金不能按时收回，公司出现了资不抵债的情形，债权人向当地法院申请对公司进行破产重整。

处在人生的低谷，老秦和他的团队没有放弃，老秦和公司其他人员也积极配合重整工作。

最终债权人接受老秦用个人资产对公司部分债务进行担保，管理人成功招募到重整投资人，重整投资人出资5个亿，并向公司注入优良资产和业务，恢复了公司生产经营。

老秦调整公司经营战略，精简业务和资产，经过一段时间生产经营，公司现金流逐渐恢复，盈利能力逐步恢复到破产重整之前的水平。最终，公司债务全部清偿完毕，顺利渡过难关。

第一节 破产法的价值和功能

任何事物都有其周期，不可能永远鼎盛。日出日落，花开花谢，有巅峰就会有低谷。公司的一生，就像人的一生。人有生老病死，公司也有衰退和灭亡。

破产是一个古老的法律命题，最早的破产概念指自然人的破产，当古罗马的自由民破产，意味着其将沦为奴隶。所有权观念确立之后，“欠债还钱天经地义”成为商品社会最朴素的道理。而有限责任制度“欠钱可以不还”概念的出现，产生了石破天惊的影响。破产法的出现，正是为了重新审视债权人与债务人这一传统、基础的法律关系。

现代破产法，主要解决的是企业破产的问题，其实质是一种对社会资源进行再次分配和利用的制度。在破产法构建的理想蓝图中，出现短暂债务危机的优质企业通过破产重整，实现凤凰涅槃、浴火重生，各种债权人的利益和诉求，得到尊重和有效处理；彻底丧失市场经营能力的“僵尸企业”通过清算退出。整个破产程序走下来，社会资源重新配置，优质企业得以重生，矛盾冲突统一解决，不同利益诉求得到平衡。

濒临破产的企业，是一个存在严重利益冲突的系统。破产法律制度提供了一种利益调和与权利妥协的机制，让患难中的人们能够风雨同舟、和衷共济，避免出现争夺剩余财产的乱象。破产程序提供了公开的处理平台，要求债权人在法治的框架内主张权利，实现破产财产价值最大化。坚持法益先后原则，对有担保的债权、劳动债权等权利进行优先保护。坚持债权平等原则，对相同类型的债权同组表决，按相同比例清偿，社会资源有序调整，避免大规模的矛盾冲突。这些都彰显了破产法对效率、公平与秩序价值的追求。

在高度文明的商业社会中，企业破产的预防和拯救是破产法非常重要的理想价值和功能，代表了现代破产法的发展方向。由于经济周期的波动，金融风险的变化，或者企业战略失误、盲目扩张、互相担保等复杂原因的存在，企业都可能面临突发的债务危机从而陷入困境。企业的成长过程就像人的成长过程，不会一帆风顺，企业也会生病，甚至死亡。有了破产法律制度，破产管理人和法官成为破产企业的医生，重整投资人带来的资金、资产和业务成为挽救企业的新鲜血液。

《企业破产法》第 2 条规定：“企业法人不能清偿到期债务，并且资产不足以清偿全部债务或者明显缺乏清偿能力的，依照本法规定清理债务。企业法人有前款规定情形，或者有明显丧失清偿能力可能的，可以依照本法规定进行重整。”

《企业破产法》第 19 条规定："人民法院受理破产申请后，有关债务人财产的保全措施应当解除，执行程序应当中止。"

《企业破产法》第 73 条规定："在重整期间，经债务人申请，人民法院批准，债务人可以在管理人的监督下自行管理财产和营业事务。有前款规定情形的，依照本法规定已接管债务人财产和营业事务的管理人应当向债务人移交财产和营业事务，本法规定的管理人的职权由债务人行使。"

《企业破产法》第 75 条规定："在重整期间，对债务人的特定财产享有的担保权暂停行使。但是，担保物有损坏或者价值明显减少的可能，足以危害担保权人权利的，担保权人可以向人民法院请求恢复行使担保权。在重整期间，债务人或者管理人为继续营业而借款的，可以为该借款设定担保。"

进入破产程序的企业，有相当一部分是具有良好资质、能力和资源的企业，只是现金流受到经济形势或者管理问题的影响出现问题。在各方的努力下，通过聘请优秀的破产管理人，引进战略投资人，制订创造性的重整方案，改善管理、更新技术，就能够力挽狂澜，拯救企业。成功的破产重整，能够盘活经济资源，防止系统性金融风险的发生，保障职工权益，最大程度上保障债权人利益，实现多方共赢。

破产程序是现代司法参与经济的实践，是一种文明、有序的制度安排。公司的有限责任制度，让股东仅以出资为限承担有限责任。企业破产清算分配后，未获清偿的债权不再清偿。尊重不同债权人的诉求，公平处理相同债权，平衡各方利益，化解矛盾冲突，成为破产法的又一重要的价值追求。通过破产和解程序获得债权人谅解可以减缓企业债务压力，为其赢得生存空间。通过破产清算程序可以平衡债权人利益，从而有序解决纠纷，规范市场秩序。

《企业破产法》第 95 条规定："债务人可以依照本法规定，直接向人民法院申请和解；也可以在人民法院受理破产申请后、宣告债务人破产前，向人民法院申请和解。债务人申请和解，应当提出和解协议草案。"

《企业破产法》第 109 条规定："对破产人的特定财产享有担保权的权利人，对该特定财产享有优先受偿的权利。"

《企业破产法》第 110 条规定："享有本法第一百零九条规定权利的债权人行使优先受偿权利未能完全受偿的，其未受偿的债权作为普通债权；放弃优先受偿权利的，其债权作为普通债权。”

《企业破产法》第113条规定：“破产财产在优先清偿破产费用和共益债务后，依照下列顺序清偿：（一）破产人所欠职工的工资和医疗、伤残补助、抚恤费用，所欠的应当划入职工个人账户的基本养老保险、基本医疗保险费用，以及法律、行政法规规定应当支付给职工的补偿金；（二）破产人欠缴的除前项规定以外的社会保险费用和破产人所欠税款；（三）普通破产债权。破产财产不足以清偿同一顺序的清偿要求的，按照比例分配。破产企业的董事、监事和高级管理人员的工资按照该企业职工的平均工资计算。”

对于彻底丧失偿债能力，失去挽救价值的企业，通过破产程序清算注销，有序退出市场，能够避免矛盾激化、资源浪费，实现资源优化配置，产业层次提升，经济结构调整的发展目标。

破产法关注的价值是多元的，债权人利益得到尊重是一个文明社会商业顺利运行的前提条件，保护债权人利益依然是破产法重要的价值追求。债务豁免并非放任企业逃避债务，企图利用破产法来逃避债务的企业，不应受到破产法的保护。破产法赋予管理人申请撤销权、全面接管印鉴账册的权利，要求特定情形下债务人的法定代表人和其他直接责任人员依法承担赔偿责任等制度设计，都体现出破产法对债权人利益的关怀。

《企业破产法》第31条规定：“人民法院受理破产申请前一年内，涉及债务人财产的下列行为，管理人有权请求人民法院予以撤销：（一）无偿转让财产的；（二）以明显不合理的价格进行交易的；（三）对没有财产担保的债务提供财产担保的；（四）对未到期的债务提前清偿的；（五）放弃债权的。”

《企业破产法》第32条规定：“人民法院受理破产申请前六个月内，债务人有本法第二条第一款规定的情形，仍对个别债权人进行清偿的，管理人有权请求人民法院予以撤销。但是，个别清偿使债务人财产受益的除外。”

《企业破产法》第33条规定：“涉及债务人财产的下列行为无效：（一）为逃避债务而隐匿、转移财产的；（二）虚构债务或者承认不真实的债务的。”

《企业破产法》第34条规定：“因本法第三十一条、第三十二条或者第三十三条规定的行为而取得的债务人的财产，管理人有权追回。”

《企业破产法》第35条规定：“人民法院受理破产申请后，债务人的出资人尚未完全履行出资义务的，管理人应当要求该出资人缴纳所认缴的出资，而不受出资期限的限制。”

《企业破产法》第 127 条规定：“债务人违反本法规定，拒不向人民法院提交或者提交不真实的财产状况说明、债务清册、债权清册、有关财务会计报告以及职工工资的支付情况和社会保险费用的缴纳情况的，人民法院可以对直接责任人员依法处以罚款。债务人违反本法规定，拒不向管理人移交财产、印章和账簿、文书等资料的，或者伪造、销毁有关财产证据材料而使财产状况不明的，人民法院可以对直接责任人员依法处以罚款。”

《企业破产法》第 128 条规定：“债务人有本法第三十一条、第三十二条、第三十三条规定的行为，损害债权人利益的，债务人的法定代表人和其他直接责任人员依法承担赔偿责任。”

《企业破产法》第 129 条规定：“债务人的有关人员违反本法规定，擅自离开住所地的，人民法院可以予以训诫、拘留，可以依法并处罚款。”

中国的改革开放进入新时代，经济转型升级的挑战和错综复杂的国际经济、政治环境对我国破产法实施以及破产审判提出了更高的要求。同时，研究破产法，推动破产法实施以及破产审判水平的提高，将对促进国民经济优化升级，构建健康经济体制发挥重要作用。

第二节　破产预防与重整

由于受经济周期的影响以及复杂主客观因素的存在，即使曾经辉煌的企业也难免出现短暂的经营危机。在出现资金流危机的企业中，有相当一部分具有拯救价值，他们在行业影响力、品牌、核心技术、销售渠道等方面依然具有领先优势。

投资、创业是有风险的，成熟的商业社会应当对创业失败持包容态度，并建立机制挽救有价值的企业，给予失败者东山再起的机会。通过破产程序，甄别、筛选出这部分企业，对其实施破产重整，预防优质企业衰亡是现代破产法的重要使命。而破产重整集中体现了破产法的拯救功能，代表了现代破产法的发展方向。

《企业破产法》第16条规定："人民法院受理破产申请后，债务人对个别债权人的债务清偿无效。"

《企业破产法》第19条规定："人民法院受理破产申请后，有关债务人财产的保全措施应当解除，执行程序应当中止。"

《企业破产法》第20条规定："人民法院受理破产申请后，已经开始而尚未终结的有关债务人的民事诉讼或者仲裁应当中止；在管理人接管债务人的财产后，该诉讼或者仲裁继续进行。"

《企业破产法》第21条规定："人民法院受理破产申请后，有关债务人的民事诉讼，只能向受理破产申请的人民法院提起。"

《企业破产法》第70条规定："债务人或者债权人可以依照本法规定，直接向人民法院申请对债务人进行重整。债权人申请对债务人进行破产清算的，在人民法院受理破产申请后、宣告债务人破产前，债务人或者出资额占债务人注册资本十分之一以上的出资人，可以向人民法院申请重整。"

《企业破产法》第73条规定："在重整期间，经债务人申请，人民法院批准，债务人可以在管理人的监督下自行管理财产和营业事务。有前款规定情形的，依照本法规定已接管债务人财产和营业事务的管理人应当向债务人移交财产和营业事务，本法规定的管理人的职权由债务人行使。"

《企业破产法》第75条规定："在重整期间，对债务人的特定财产享有的担保权暂停行使。但是，担保物有损坏或者价值明显减少的可能，足以危害担保权人权利的，担保权人可以向人民法院请求恢复行使担保权。在重整期间，债务人或者管理人为继续营业而借款的，可以为该借款设定担保。"

【案例】

某纺织集团公司破产重整案

某纺织集团公司（以下简称A公司）成立至今已有二十多年，是某省纺织行业昔日的龙头企业，并已完成境内主板上市。但受到行业周期影响，加之近几年来管理不善，A公司业绩出现连续下滑，处于交易所退市边缘。经审计，A公司合并财务报表资产总额为51.28亿元，负债总额为55.16亿元，净资产为-3.88亿元。经3家银行债权人申请，某省甲市中级人民法院依法裁定受理某纺织集团公司破产重整案。

管理人在法院的指导下，以化解债务危机，提升盈利能力为目标，通过市场化的运作方式，制订出重整计划草案。法院和管理人对A公司在公司治理、经营管理、资产结构、产品种类、生产工艺等方面进行优化升级，力图重塑企业竞争力。重整方案包含以股抵债、剥离低效资产、协商优先偿还经营性负债和延期偿债等内容。重整方案通过创始股东出让全部股份与重整投资人成立产业基金作为重组方，剥离低效资产用于清除债务，恢复了企业的生产经营。根据重整计划草案，5家有担保的债权人和3000余名企业职工债权将全部得到清偿；企业职工可以继续留在企业工作；普通债权组的清偿比例由15%提高到63%。最终，重组计划草案经各表决组表决，获得高票通过。

某日，甲市中级人民法院裁定批准某纺织集团公司重组计划草案并终止重整程序，一个多月后，法院裁定重整计划实施完毕。第二年，根据某纺织集团公司发布的上年度上市公司年度报告，通过实施重整计划，该公司实现扭亏为盈。

《企业破产法》第82条规定："下列各类债权的债权人参加讨论重整计划草案的债权人会议，依照下列债权分类，分组对重整计划草案进行表决：（一）对债务人的特定财产享有担保权的债权；（二）债务人所欠职工的工资和医疗、伤残补助、抚恤费用，所欠的应当划入职工个人账户的基本养老保险、基本医疗保险费用，以及法律、行政法规规定应当支付给职工的补偿金；（三）债务人所欠税款；（四）普通债权。人民法院在必要时可以决定在普通债权组中设小额债权组对重整计划草案进行表决。"

《企业破产法》第84条规定："人民法院应当自收到重整计划草案之日起三十日内召开债权人会议，对重整计划草案进行表决。出席会议的同一表决组的债权人过半数同意重整计划草案，并且其所代表的债权额占该组债权总额的三分之二以上的，即为该组通过重整计划草案。"

《企业破产法》第86条规定："各表决组均通过重整计划草案时，重整计划即为通过。自重整计划通过之日起十日内，债务人或者管理人应当向人民法院提出批准重整计划的申请。人民法院经审查认为符合本法规定的，应当自收到申请之日起三十日内裁定批准，终止重整程序，并予以公告。"

【案例】

某省食品工业集团有限公司等5家公司破产重整案

某省食品工业集团有限公司（以下简称A公司）及其下属4家控股子公司，是某省食品及外贸行业曾经的知名企业，主要业务为食品加工及进出口贸易。受原材料价格大幅上涨和互保的影响，A公司及其下属4家控股子公司出现30余亿元的巨额债务，其中银行债务占到70%。经会计师事务所审计，5家公司资产总额为8000多万元，已严重资不抵债。

根据债权人申请，某省甲市中级人民法院裁定受理A公司及其下属4家控股子公司破产重整案。由于其中一家公司位于该省乙市，事前甲地中级人民法院报请某省高级人民法院核准，后经某省高级人民法院指定管辖。某省甲市中级人民法院受理该案后，选定某律师事务所和某会计师事务所组成联合管理人。

管理人经核查后发现，5家公司在财务、人员、业务、资产等方面高度混同，法人人格混同，申请对5家公司进行合并重整。由于合并重整突破公司法人人格独立原则，我国《企业破产法》对此并无明确规定，人民法院应该谨慎使用，甲地中级人民法院先后举行两次听证会，充分听取各方意见。考虑到优化重整效率和债权人利益最大化，经广泛听取意见后，甲地中级人民法院裁定5家公司合并重整。

重整开始后，管理人通过公开渠道招募战略投资人，由于A公司及4家关联公司在行业里具有较高影响力，再加上A公司持有某著名饮料品牌商标，最终引入某大型集团企业（以下简称B公司）作为重整投资人。

经商谈，管理人确定了以现金清偿和股权抵债为主要内容的重整方案，B公司成立全资子公司某投资有限公司（以下简称C公司）对A公司增资18亿元，对债务人进行资产重组，并引入业务资源和优质资产，逐渐恢复了A公司的生产经营。

某日，合并重整债权人会议及出资人组会议进行分组表决，但普通债权人组代表债权额占该组债权总额52%的D公司，否决了重整计划草案。经了解，D公司否决的原因是最终清偿比例未达到其预期。

根据法律规定，重整计划草案未获得通过的，在符合法定情况下，人民法院有强制批准权。但本着尊重各方意愿，慎用权力的原则，法院没有简单地运用权力干预，而是主动向D公司进行解释说明，最终得到D公司的理解和认同。

某日，合并重整债权人会议及出资人组会议再次分组表决，各组均高票或全票通过管理人提交的合并重整计划草案。经管理人申请，甲市中级人民法院审查后裁定批准某省食品工业集团有限公司等5家公司重整计划，终止某省食品工业集团有限公司等5家公司的合并重整程序。

《企业破产法》第87条规定："部分表决组未通过重整计划草案的，债务人或者管理人可以同未通过重整计划草案的表决组协商。该表决组可以在协商后再表决一次。双方协商的结果不得损害其他表决组的利益。未通过重整计划草案的表决组拒绝再次表决或者再次表决仍未通过重整计划草案，但重整计划草案符合下列条件的，债务人或者管理人可以申请人民法院批准重整计划草案：（一）按照重整计划草案，本法第八十二条第一款第一项所列债权就该特定财产将获得全额清偿，其因延期清偿所受的损失将得到公平补偿，并且其担保权未受到实质性损害，或者该表决组已经通过重整计划草案；（二）按照重整计划草案，本法第八十二条第一款第二项、第三项所列债权将获得全额清偿，或者相应表决组已经通过重整计划草案；（三）按照重整计划草案，普通债权所获得的清偿比例，不低于其在重整计划草案被提请批准时依照破产清算程序所能获得的清偿比例，或者该表决组已经通过重整计划草案；（四）重整计划草案对出资人权益的调整公平、公正，或者出资人组已经通过重整计划草案；（五）重整计划草案公平对待同一表决组的成员，并且所规定的债权清偿顺序不违反本法第一百一十三条的规定；（六）债务人的经营方案具有可行性。人民法院经审查认为重整计划草案符合前款规定的，应当自收到申请之日起三十日内裁定批准，终止重整程序，并予以公告。"

对于主营业务已经不具备持续经营能力和盈利能力，难以继续符合上市基本条件的上市公司，可以对上市公司原有资产、业务进行剥离处置，通过资产重组等方式，引入其他重组方注入优质资产，并更换上市公司主营业务，从而使上市公司恢复盈利能力并保持上市主体资格。

【案例】

某光伏企业跨境破产重整案

某光伏公司（以下简称A公司）是国内一家集太阳能光伏研究、生产和销售为一体的大型企业，受到光伏行业整体产能过剩，以及国际反倾销、反补贴调查的影响，业绩重创，出现严重亏损。经债权人申请，某市中级人民法院裁定受理 A 公司破产重整案。

某市中级人民法院受理该案后，指定某律师事务所作为破产管理人。经管理人统计发现，A 公司在北美有价值几千万美元太阳能组件，在欧洲大陆有价值几百万欧元的太阳能电站。某市中级人民法院得知 A 公司在美国资产涉及多家海外企业，随时可能被海外公司采取措施。为了及时将 A 公司海外资产并入破产程序以提高重整成功率，某市中级人民法院批准管理人作为债务人代表，前往美国，向美国某州法院正式提出申请，申请承认正在中国进行的 A 公司破产案破产程序为主要程序，并请求给予司法协助。管理人依据《美国破产法》中外国代表人向美国法院提交承认外国破产程序申请，并启动破产辅助程序等相关规定，提供了详细资料，并进行充分解释说明。经过艰难谈判，美国某州法院最终批准中方申请，并对 A 公司在美资产进行了破产保护，由中方管理人和美方代表在境外直接对 A 公司资产进行处置变现。

之后，重整计划草案经债权人分组表决通过，并顺利实施完毕，破产工作中对 A 公司海外资产的保护和处置极大地提高了债权清偿率，对整个重整成功至关重要。

20 世纪 80 年代以来，经济全球化加剧，各主要经济体之间贸易往来和投资日渐繁荣。面对现实的司法协助需求，有条件地承认他国破产程序逐渐成为主流做法。我国《企业破产法》第 5 条规定："依照本法开始的破产程序，对债务人在中华人民共和国领域外的财产发生效力。对外国法院作出的发生法律效力的破产案件的判决、裁定，涉及债务人在中华人民共和国领域内的财产，申请或者请求人民法院承认和执行的，人民法院依照中华人民共和国缔结或者参加的国际条约，或者按照互惠原则进行审查，认为不违反中华人民共和国法律的基本原则，不损害国家主权、安全和社会公共利益，不损害中华人民共和国领域内债权人的合法权益的，裁定承认和执行。"该条将国际条约中的互惠原则，以及不违反我国公共政策作为承认外国法院破产案件判决、裁定的先决条件。随着经济全球化和中国企业对外投资的繁荣，跨境破产案件面临现实的法律和制度需求。

随着中国企业对外投资日益繁荣，和"一带一路"倡议的提出，我国开始探索在司法协助领域对传统思维的转变。最高人民法院2015年7月发布的《关于人民法为“一带一路”建设提供司法服务和保障的若干意见》指出：“要在沿线一些国家尚未与我国缔结司法协助协定的情况下，根据国际司法合作交流意向、对方国家承诺将给予我国司法互惠等情况，可以考虑由我国法院先行给予对方国家当事人司法协助，积极促成形成互惠关系，积极倡导并逐步扩大国际司法协助范围。”这是通过率先承认对方司法程序以促进形成互惠关系的有益探索。

第三节　破产和解与清算

在法院宣告债务人破产前，债务人可以向人民法院申请和解。债务人申请和解，应当提交和解协议草案，和解协议草案经债权人会议表决通过，对全体债权人有效。

相对于破产清算，破产和解程序成本较低，能够避免债务人资产被折价处理的损失，在实现和解的破产案件中，债权人的受偿比例往往高于破产清算的受偿比例。

《企业破产法》第95条规定：“债务人可以依照本法规定，直接向人民法院申请和解；也可以在人民法院受理破产申请后、宣告债务人破产前，向人民法院申请和解。债务人申请和解，应当提出和解协议草案。”

《企业破产法》第97条规定：“债权人会议通过和解协议的决议，由出席会议的有表决权的债权人过半数同意，并且其所代表的债权额占无财产担保债权总额的三分之二以上。”

【案例】

某科技公司执行转破产清算案

某科技公司（以下简称A公司）因盲目扩张，管理不善，资金链断裂，陆续引发四百多件诉讼、仲裁案件进入执行程序。112名员工情绪极度不稳定，纷纷通过拉横幅、上访等方式寻求关注。经某县人民法院执行局初步核查，A公司可供执行财产仅有银行存款5600元、价值1300万元的厂房、土地和一些生产、办公设备。该厂房、土地已抵押给某银行债权人。某县人民法院发现执行无望后，经申请执行人同意，将A公司执行案件移送破产审查。某日，甲市中级人民法院裁定受理A公司破产清算案，涉及A公司执行案件全部中止，统一进入破产清算程序处理。

甲市中级人民法院选定某律师事务所担任破产管理人，某律师事务所经全面清点、核查后认定A公司负债高达7800万元，严重资不抵债，已无挽救价值和可能。某日，甲市中级人民法院宣告A公司破产。1600多万元破产财产在支付破产费用、清偿抵押债权后，剩余款项全部用于支付职工债权。之后，甲市中级人民法院裁定终结A公司破产清算程序。

《企业破产法》第109条规定："对破产人的特定财产享有担保权的权利人，对该特定财产享有优先受偿的权利。"

《企业破产法》第110条规定："享有本法第一百零九条规定权利的债权人行使优先受偿权利未能完全受偿的，其未受偿的债权作为普通债权；放弃优先受偿权利的，其债权作为普通债权。"

《企业破产法》第113条规定："破产财产在优先清偿破产费用和共益债务后，依照下列顺序清偿：（一）破产人所欠职工的工资和医疗、伤残补助、抚恤费用，所欠的应当划入职工个人账户的基本养老保险、基本医疗保险费用，以及法律、行政法规规定应当支付给职工的补偿金；（二）破产人欠缴的除前项规定以外的社会保险费用和破产人所欠税款；（三）普通破产债权。破产财产不足以清偿同一顺序的清偿要求的，按照比例分配。破产企业的董事、监事和高级管理人员的工资按照该企业职工的平均工资计算。"

破产程序是解决法院"执行难"问题，遏制"执行乱"现象的一项重要措施。执行转破产可以使涉案企业的诉讼、仲裁执行案件一并处理，提高效率，节约司法成本。通过执行与破产的衔接，能够解决执行积案，及时将"僵尸企业"清理出市场，避免资源浪费，化解矛盾冲突，稳定社会秩序。

【案例】

某房地产公司破产清算案

A公司从事房地产开发业务，由于受到行业周期影响，2013年A公司经营陷入困境，资金链断裂，A公司不能清偿到期债权且出现资不抵债情况，某债权人向某地人民法院申请对A公司进行破产重整。

管理人经核查后发现，A 公司名下主要资产为位于某地的一块建设用地使用权，该地块已经抵押给 B 银行，项目工程尚未建设完成，有 20 名购买者已经支付了购房款，另外还欠工程款、材料款、税金等，最终确认债权 3.5 亿元。

A 公司被申请破产重整后，购房者情绪激动，其他债权人也非常着急，出现多次聚众维权事件，当地政府对此非常重视，成立工作小组与法院对接，并承诺给予税收优惠政策。经几位主要的普通债权人要求，管理人通过媒体发布招募战略投资人的公告，但与意向投资者多次谈判，意向投资者不愿承担 A 公司隐形债务风险，未成功达成重组合作方案。管理人发现重组无望后，多次与债权人沟通，考虑到在建工程停工拖延时间太长会扩大损失，债权人权衡利弊后同意进入破产清算程序，最终债权人会议通过破产财产变价方案。

房地产企业破产涉及众多法律关系，如原工程合同如何处置、资产过户税务问题等。在受偿顺序上，涉及多种优先权，如建设工程价款优先受偿权、有抵押的债权、购房款等。根据《最高人民法院关于建设工程价款优先受偿权问题的批复》之精神，一般采用先购房款，然后建设工程价款优先受偿权，再然后有抵押的债权的清偿顺序。

最终，A 公司名下土地使用权以及在建工程转让给另一家房地产开发企业继续开发。20 名购房者全额得到受偿，承包方工程款和银行债权也得到受偿，普通债权得到较高比例受偿。

破产清算是破产程序的最后一步，对于丧失挽救价值的企业，通过破产清算有序退出市场，有利于清理市场环境，避免资源浪费，实现产业结构优化升级。对于特殊类型的债权，优先保护，对于同类债权，同等对待，这是破产法的社会利益冲突调节作用，这也是破产法的目的和使命。

第十章　财富与企业传承

恍惚之间，老秦回过神来。

站在时光河流彼岸，回顾波澜起伏的改革开放历程和自己的人生经历，老秦由衷地感谢这个时代，也感谢曾经努力的自己。

这一年老秦58岁。

前些年，身边朋友的突然离世，让老秦开始担心起自己的身体。

老秦有两个儿子一个女儿，大儿子和女儿为前妻所生，小儿子为现任妻子所生。大儿子和女儿都已成家，老秦也做了爷爷和外公，小儿子年纪尚小。

自己已经不再年轻，考虑到家族产业的庞大和家庭成员众多，老秦开始思考家族企业的传承问题……

第一节　为什么要规划财富与企业传承

时间是这个世界最公平的东西，生命是一条单行线，每个人都有衰老的一天，无论你是富有还是贫困。对人来说，时间是最宝贵的，所有的节约和资源配置最终极的目的，都是为了节约时间。

企业家掌握大量财富，可以购买别人的时间为自己做事，但是企业家不能避免衰老的宿命。

改革开放四十年，中国涌现出了一大批优秀的企业家，中国家庭积累了大量社会财富。随着人口老龄化趋势明显，“创一代”渐渐老去，如何进行企业传承和财富传承成为众多家庭面临的现实问题。

古往今来，人们对财富的追求从未停止。为了让自己和家人过上更好的生活，“创一代”们付出了艰苦卓绝的努力。面对家族企业转型、败家挥霍、离婚分割财产、继承分配、子女不愿或无力接管企业、家族斗争等问题，为了不让自己的毕生心血付之东流，企业家必须在自己头脑尚清醒的时候做好长远安排。这不仅是企业家的个人事务，也关系到家人、企业员工等其他主体的命运，是企业家应当尽到的职责。

【案例】

某国富家公子的故事

古往今来，“二代败家”的故事有很多，某国前首富之子的故事很有代表性。他的父亲曾经一贫如洗，白手起家，通过勤劳努力创造了万贯家财，成为某国最富裕的家族之一。父亲去世，给其留下了巨额遗产。热情、豪爽的他很快成为上流社会著名的花花公子，流连于女明星的石榴裙之间，纵情酒色，出手阔绰。然而，他晚年竟败光父亲留下的几十亿美元家产，沦落到领政府的救济金度日。

婚姻实际上是最重要的财务决定之一，一旦两个人通过婚姻捆绑到一起，财产、债权、债务很难再分开。婚前一方用个人财产购买的房产，因为婚后还贷部分属于共同财产，这就造成该房产成为个人财产和夫妻共同财产的混合，分割难度较大。婚前一方的股权、股份虽然属于个人财产，但婚后股权增值、分红部分会成为共同财产。婚前、婚后财产的混合，会造成离婚时区分个人财产与共同财产的困境。

企业家一旦离婚，最难分割的往往是股权，因为股权不只是一种财产，还涉及对公司的管理和控制。而在企业家的家族财富中，股权常常是最重要的财产。因为股权不仅本身具有价值，还关系到家族企业的稳定发展，是家族财富源源不断的来源。公司创始股东离婚，会造成控制关系变更，影响投资人对公司的判断，甚至造成董事会、股东会表决困难，公司陷入僵局，最终导致股权价值大幅降低。

企业家自己的婚姻危机，及其子女的婚姻危机，都会带来这些风险。

【案例】

子女离婚对家族企业的影响

老沈原本家境贫寒，经过几十年的摸爬滚打，自己创办的公司业绩蒸蒸日上，终于在商业上取得成就。老沈的公司股东是自己和儿子，老沈持股60%，儿子持股40%。

儿子小沈从海外留学归来，聪明能干，帮老沈打理公司的事务，老沈很是欣慰。儿子年纪渐长，认识了小芳，二人很快从恋爱走到婚姻。老沈夫妇对年轻、漂亮的儿媳妇也很是满意。

然而，好景不长，婚后第五年，小夫妻俩的婚姻亮了“红灯”。而这五年以来，公司快速发展，规模不断扩大。在离婚诉讼中，小芳提出，分割小沈所持股权的股权增值和婚姻关系存续期间的分红。

根据《最高人民法院关于适用〈中华人民共和国婚姻法〉若干问题的解释(三)》第5条，夫妻一方个人财产在婚后产生的收益，除孳息和自然增值外，应认定为夫妻共同财产。

《最高人民法院关于适用〈中华人民共和国婚姻法〉若干问题的解释（二）》第16条规定：“人民法院审理离婚案件，涉及分割夫妻共同财产中以一方名义在有限责任公司的出资额，另一方不是该公司股东的，按以下情形分别处理：(一）夫妻双方协商一致将出资额部分或者全部转让给该股东的配偶，过半数股东同意、其他股东明确表示放弃优先购买权的，该股东的配偶可以成为该公司股东；(二）夫妻双方就出资额转让份额和转让价格等事项协商一致后，过半数股东不同意转让，但愿意以同等价格购买该出资额的，人民法院可以对转让出资所得财产进行分割。过半数股东不同意转让，也不愿意以同等价格购买该出资额的，视为其同意转让，该股东的配偶可以成为该公司股东。用于证明前款规定的过半数股东同意的证据，可以是股东会决议，也可以是当事人通过其他合法途径取得的股东的书面声明材料。”

财富的建立需要漫长的过程和无数努力，但是“败光”财富也许只需要很短的时间。作为企业家，有时候直接留给后代现金财富并不是最好的选择。通过财富传承安排，保障他们的生活，并通过家族精神的传承，让他们懂得不断经营和努力而让家族产业生生不息是更加有远见的选择。

生命有限，但爱和精神可以永续。财富传承计划是先辈充满远见卓识的安排，持续浇灌着家族之树。子孙后代在享受优质生活的时候，能感受到先辈的良苦用心，感受到勇敢、进取、坚强的家族精神，由此家业才能长青。

当企业家历经沉浮，回顾波澜壮阔的一生时，如果已经对自己毕生积累的财富和毕生经营的企业做好高瞻远瞩的传承规划，让企业和家业经久不衰，可以让企业家精神代代传承，即使面对死亡，他内心也一定是平静和安详的。

财富保护与传承问题不只是大企业家的专利，每个家庭都会遇到财富保护与传承的问题。

【案例】

老王家的房产继承

小王的父亲是老王，老王有一个弟弟，小王的爷爷奶奶健在。有一天，老王突发意外身亡，留下小王和母亲。老王身后留下一线城市的一套房，房产证上是老王一个人的名字。处理好老王的后事，小王和母亲商量着，将父亲的名字变更为自己。没过多久，小王的奶奶也过世了。

小王和母亲去房管局咨询变更登记的事情，工作人员的一番话让小王傻眼了。小王得知办理变更登记必须要母亲、爷爷还有叔叔签字放弃继承。小王和叔叔说明情况后，受到堂弟小二王的极力反对，小二王认为当年爷爷将房子分给大伯而没有分给自己的父亲是不公平的，叔叔因此拒绝签字。

根据《继承法》，在没有遗嘱的情况下，继承开始后，按照法定继承处理。第一顺序继承人为配偶、子女、父母。本案中，房产属于夫妻共同财产，老王和小王的妈妈各有50%。老王去世后，老王的50%中，第一顺序继承人小王、小王的母亲，爷爷、奶奶各获得25%的继承份额，即奶奶有1/8的份额。但奶奶的意外去世，造成奶奶的1/8份额再次发生法定继承，奶奶的1/8份额爷爷和叔叔有权继承，由于老王先于奶奶去世，奶奶去世时小王可以代位继承老王的份额。这样，对于奶奶的1/8份额，爷爷、叔叔、小王各获得其中的1/3。

对于该房产的权益，母亲有62.5%，小王有16.7%，爷爷有16.7%，叔叔有4.1%。

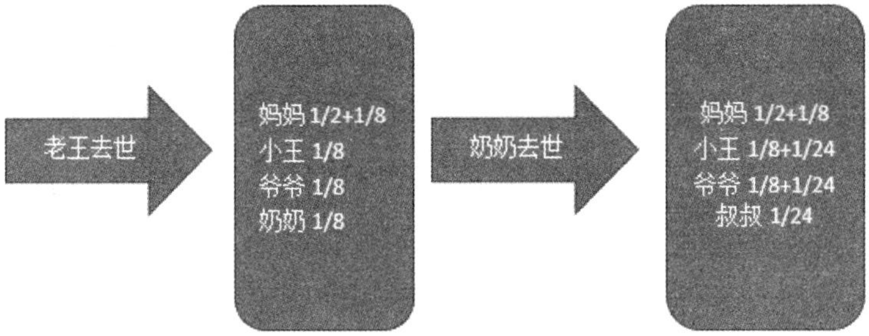

老王家房产继承图解

本案说明三代中的第二代如果有人先于第一代离世，可能会造成资产向旁系亲属流动。

【案例】

企业家离世，女婿分割财产

老张是一名成功的企业家，有一个宝贝女儿小张，在女儿成年以后，认识了贫寒家庭出生的小赵。小张不顾父亲的反对，执意要嫁给小赵，老张最终只能妥协。过了几年，老张去世了，留下一家大型公司的股份和若干房产。结婚多年后，小张发现小赵竟然有了婚外情，非常愤怒，决定和小赵离婚。

然而，小赵提出的离婚条件让小张非常震惊，小赵要求分配老张留下的股份和房产。因为根据《婚姻法》的规定，如果遗嘱或赠与合同中没有明确财产归夫或妻一方所有，夫妻在婚姻关系存续期间继承或赠与所得的财产为夫妻共同财产。

《婚姻法》第 17 条规定："夫妻在婚姻关系存续期间所得的下列财产，归夫妻共同所有：（一）工资、奖金；（二）生产、经营的收益；（三）知识产权的收益；（四）继承或赠与所得的财产，但本法第十八条第三项规定的除外；（五）其他应当归共同所有的财产。夫妻对共同所有的财产，有平等的处理权。"

《婚姻法》第 18 条规定："有下列情形之一的，为夫妻一方的财产：（一）一方的婚前财产；（二）一方因身体受到伤害获得的医疗费、残疾人生活补助费等费用；（三）遗嘱或赠与合同中确定只归夫或妻一方的财产；（四）一方专用的生活用品；（五）其他应当归一方的财产。"

【案例】

婚内赠与遇到法定继承

老李是个商人，他白手起家，经过多年打拼，积累了不少财富。老李的儿子小李，从国外学成回国后帮助老李处理企业，把公司经营得井井有条，老李很是高兴。通过偶然的机会，小李和小琴相识，并很快发展成情侣。小琴年轻、漂亮，又聪明能干，老李爽快地答应了这门亲事。

老李为儿子儿媳购置了一套别墅，小两口过上了幸福的日子。谁料，天有不测风云，小琴在一次车祸中意外去世，小李为此十分痛苦。

当初，别墅登记的是小李和小琴的名字，小琴离开后，小李准备去房管局把名字变更一下。可是，小琴的母亲和弟弟此时并不愿意配合小李。他们认为别墅有一半是小琴的遗产，小琴的父母有权参与分配。

通过以上的案例，我们可以看出财富与企业传承不是远在天边，而是实实在在的问题，这些风险就在我们身边，每个人都可能遇到。对于寻常百姓来说，可能涉及的是几套房产。但对于企业家来说，涉及的是巨额财富，甚至是苦心经营的商业帝国。企业传承问题已经超越了个体的财富问题，而成为一种社会责任。一家大型企业，如果创始人突然离世，后代陷入争产纷争，家族企业衰败，将影响当地经济发展和大批就业者的生活。生前主动进行财富传承规划，是企业家风险意识和责任意识的觉醒。

要做好财富与企业传承，需要在专业机构和人士的帮助下系统筹划，借助婚姻财产协议、赠与协议、公司章程、股东协议、遗嘱、保险、信托、基金会等工具搭建传承结构，构筑传承体系。

当然，最重要的是培养好后代，激励和教导后辈，用我们的思想和价值观构筑起家族文化和精神的堡垒，让他们懂得创业艰辛，互帮互爱，积极进取。坚守产品质量和商业信誉。在漫长的岁月里，勇敢面对人生的风雨，让家族企业持久发展。

第二节 财富管理与传承工具

一、与传承相关的协议等法律文件

（一）婚姻财产协议

根据《最高人民法院关于适用〈中华人民共和国婚姻法〉若干问题的解释（二）》第 11 条的规定，夫妻一方以个人财产投资取得的收益属于夫妻共同财产。根据《最高人民法院关于适用〈中华人民共和国婚姻法〉若干问题的解释（三）》第 5 条，夫妻一方个人财产在婚后产生的收益，除孳息和自然增值外，应认定为夫妻共同财产。由此可以看出，企业家的婚姻和企业家子女的婚姻，将对家族财富的格局造成重大影响。在必要时，选择订立婚姻财产协议，可以解决企业家及其子女离婚带来的财富传承风险。

夫妻共同财产制度是婚姻法的一项重要规定，婚姻关系存续期间，夫妻一方收入原则上属于夫妻共同财产，而不考虑哪一方获得财产贡献的大小。如果要排除法定夫妻财产制度的适用，就需要签订婚姻财产协议，其包括婚前协议、婚后协议和离婚协议。

婚前协议是办理结婚登记前双方签订的协议。婚前协议可以列明双方个人财产，并约定财产收益和增值归属，也可以约定婚后财产收入归属，婚前协议在约定身份关系的内容时要谨慎，因为合同法不能调整身份关系，更不能有限制人身权利和法定权利的内容。

婚后协议是婚姻关系存续期间，夫妻双方就夫妻财产归属以及其他内容签订的协议。夫妻双方在平等、自愿的基础上就夫妻关系存续期间夫妻财产收益分配签订婚后协议，只要不违反法律、法规的强制性规定，不存在恶意串通，损害国家、集体或者第三人利益等合同无效情形时，是有效的。

离婚协议是一种附生效条件的协议，离婚协议生效以办理离婚登记为生效前提。离婚协议应首先写明双方确认，夫妻感情破裂，自愿协议离婚。离婚协议应详细写明对夫妻共同财产的分割方法，如有遗漏，容易产生纠纷。离婚协议对抚养费、探视权等内容的约定应当具备可操作性。

（二）赠与协议

赠与合同是《合同法》上规定的一种有名合同，广泛用于民事领域。赠与协议也是私人财富管理、财富保护与传承领域的一个重要工具。

为避免可能出现的遗产税以及继承的风险和繁琐手续，父母可以有选择性地通过提前赠与将一部分财产提前赠与给后代。但是，提前赠与也会面临许多风险，需要专业筹划。当父母将一部分财产赠与后代时，将面临失去对财产控制的风险。如果后代没有养成正确的价值观，挥霍浪费，或者经营不善，将使得父母多年的心血付诸东流。对此，可以采用一些配套措施。例如，对于房产，可以适当采用父母与子女共同共有，或者按份共有的安排。根据《物权法》，处分共有财产，需要占份额三分之二以上的按份共有人或者全体共有人同意。例如，对于股权，可以结合公司章程、股东协议实现所有权和表决权分离。也可以通过附条件的赠与和附义务的赠与，约束受赠与人。

《婚姻法》规定，夫妻关系存续期间赠与所得财产属于夫妻共同财产，除非赠与合同中明确规定赠与财产的归属。所以，为防止子女离婚对赠与财产的分割，赠与协议应写明只赠与子女一方，不属于夫妻共同财产。这种赠与协议，最好要办理公证。

赠与合同是双方法律行为，需要赠与人有赠与的意思表示，也需要受赠与人有接受赠与的意思表示。赠与合同最大的特征在于，赠与财产转移之前，赠与人可以撤销赠与，具有救灾、扶贫等社会公益、道德义务性质的赠与合同或者经过公证的赠与合同除外。所以，对于受赠与一方来说，应当及时办理财产过户。

此外，通过赠与协议进行财富传承，还有一个风险：

【案例】

债权人起诉父亲，要求撤销其对儿子的赠与

老张的儿子已经长大成年，老张将位于上海的一套别墅赠与给儿子，签订了赠与协议并办理了公证，房产也已经过户。

一年后，行业不景气，老张经营遇到困难，无力偿还两年前的一笔2000万元借款。后债权人提起诉讼，要求撤销老张对儿子的赠与。

为保障债权人利益，《合同法》上规定了撤销权制度。根据《合同法》对撤销权的规定，债务人无偿转让财产对债权人造成损害的，债权人可以请求人民法院撤销赠与。在这种情况下，即使财产已经转移过户，只要财产受让人不属于善意取得，依然可以追回。因此，通过赠与协议进行财富传承安排时，应考虑赠与人自身债务风险问题。

（三）公司章程、股东协议、财产代持协议

对于企业家来说，最重要的财产往往是股权。股权不同于其他财产，除了分红和增值这样的财产性权利，还有其他与身份密切相关的管理性权利。企业家及其子女发生离婚、去世情况时，会出现股权的分割和继承问题。股权的离婚分割和继承问题如果处理不好，将动摇一家企业的根本。再强大的事物，如果内部出了问题，也会土崩瓦解。企业传承问题，不仅仅是企业家的个人问题，而是涉及众多社会群体利益的社会问题。因此，股权的传承是企业家要重点考虑的问题。

如果不采用股权家族信托，通过公司章程和股东协议可以就股东离婚股权分割问题、新股东身份取得问题进行约定，可以就所有权和表决权分离进行安排，可以进行有条件的分步转让股权。《公司法》尊重股东自治的权利，在不违反法律规定的前提下，通过公司章程和股东协议，再结合其他工具，可以进行详细的企业传承安排。

对于财产代持协议，应当谨慎使用，仅在某些特定情况下可以有条件地使用。无论是股权代持协议还是其他财产代持协议都存在许多风险。《最高人民法院关于适用〈中华人民共和国公司法〉若干问题的规定（三）》出台后，股权代持的效力得到认可，但股权代持的许多风险仍需要注意。

财产代持协议的风险主要在于，真实所有权人对财产失去控制的风险；代持协议因存在违反法律、法规的强制性规定或者以合法形式掩盖非法目的等情形被认定无效的风险；代持人发生被追债、离婚、死亡而分割代持财产的风险等。

【案例】

房产代持人擅自处分房产

小芳是一位新时代的独立女性，结婚之后，仍然专注自己的事业。由于事业有成，小芳积累了一些资金。小芳想在某城市购买一套房产，但不想让自己的丈夫知道。

经过思考，小芳决定用弟弟小明的名字购买该套房屋。小芳与弟弟签订了一份协议，该协议约定，小芳将资金打入弟弟小明的银行账户，以弟弟小明的名义购买房产，房产所有权归小芳所有。

然而，三年后，弟弟擅自将房屋用于自己借款的抵押，办理了抵押登记。后弟弟无力偿还借款，债权人提起诉讼，要求拍卖房产。

由于物权与债权相区分，协议约定房产归属并不产生物权法上物权变动的效力，而只是形成一种债权关系。而债权无法对抗物权，当发生负债、离婚、继承等事件时，代持财产面临被第三方权利追诉的风险。如遇房地产大幅升值，存在代持方违反承诺的风险。关于“借名买房”，目前司法实践存在不同观点，尚存在诸多风险。

二、遗嘱

【案例】

企业家离世，家庭爆发遗产争夺战

老陈是某市的知名企业家，今年59岁了，现任妻子朱女士是他的第二任妻子，朱女士今年35岁，老陈和朱女士育有一子，名叫小明。老陈和前妻还有一个女儿，名叫小敏。小敏早已长大成人，小明尚未成年。

一天，老陈突发脑溢血，经抢救无效去世。老陈留下了2家大型企业和若干房产、股票、基金。处理完老陈后事不久，小敏和朱女士爆发了一场遗产争夺大战，老陈的企业面临严重的股权纠纷……

如果老陈在生前作出有预见性的安排，订立一份有效的遗嘱，事情就不会这么糟糕。

（一）遗嘱的作用

遗嘱是财产所有权人意志的延续，是我们对人生的最后作出的重要安排，承载了我们对这个世界的留恋，以及对后代的嘱托和爱。长久以来，中国人没有立遗嘱的习惯，传统观念导致我们很少谈及遗嘱。当看到这两个字的时候，许多人的内心是复杂的，往往会选择回避。

其实，遗嘱是最基础的财富传承工具，操作简单，门槛较低，运用最为广泛。遗嘱的最重要功能是按照立遗嘱人的意志处分财产，排除法定继承。如果没有遗嘱，被继承人一旦死亡，即发生法定继承：

《继承法》第 10 条规定："遗产按照下列顺序继承：第一顺序：配偶、子女、父母。第二顺序：兄弟姐妹、祖父母、外祖父母。继承开始后，由第一顺序继承人继承，第二顺序继承人不继承。没有第一顺序继承人继承的，由第二顺序继承人继承。本法所说的子女，包括婚生子女、非婚生子女、养子女和有扶养关系的继子女。本法所说的父母，包括生父母、养父母和有扶养关系的继父母。本法所说的兄弟姐妹，包括同父母的兄弟姐妹、同父异母或者同母异父的兄弟姐妹、养兄弟姐妹、有扶养关系的继兄弟姐妹。"

需要注意的是，很多人容易忽视父母的继承权，认为继承都是给子女的。其实如果父母尚在，发生法定继承时父母与子女一样属于第一顺序继承人。法定继承中，可能出现违背被继承人意志的财产流动情况。例如，子女离婚、私生子女出现、再婚家庭继承等。

工具永远是为精神服务的，思想传承才是财富传承的精髓所在。遗嘱可以包含我们对人生的总结和感悟，对个人财产的分配方案，对亲人的嘱托，对家族企业发展的规划，对家族未来的期望等，成为个人思想、精神和价值观的载体。我们的意志可以穿越漫长的岁月，直抵人心，历久弥新，让后代持续感受到这份精神力量，而不断努力前行。

（二）遗嘱的不足

遗嘱不能避免债务追索和将来可能出现的遗产税，对于被继承人生前所负债务，继承人在继承遗产的范围内承担清偿责任。

实践中，遗嘱最大的问题在于会面临无效的风险和执行上的现实困难。检索司法裁判文书，我们会发现大量遗嘱最终被法院认定无效。这是因为订立遗嘱是一件非常专业的事情，隔行如隔山，非专业人士凭自己的想象订立的遗嘱很容易被认定为无效。从大量继承纠纷案件和一些著名的遗产争夺案件中我们发现，立遗嘱时立遗嘱人的精神状态、笔迹真伪、是否受到胁迫、遗嘱更新等问题，往往成为否定遗嘱效力的理由。

遗嘱的执行也面临一些现实问题，如要不要让家人知道遗嘱的存在？要不要让家人知道遗嘱的内容？遗嘱由谁保管？我现在的想法是这么立遗嘱的，将来想法发生变化了怎么办？

《继承法》第20条规定："遗嘱人可以撤销、变更自己所立的遗嘱。立有数份遗嘱，内容相抵触的，以最后的遗嘱为准。自书、代书、录音、口头遗嘱，不得撤销、变更公证遗嘱。"

我国《继承法》规定遗嘱种类有：自书遗嘱、代书遗嘱、录音遗嘱、口头遗嘱、公证遗嘱。公证遗嘱被认为是效力最强的遗嘱形式，但需要注意的是，办理公证遗嘱需要详细证明资料，如需要证明你是资产的所有权人，而且公证遗嘱一旦完成，只能通过再次公证遗嘱的方式修改。

（三）遗嘱的运用

订立遗嘱需要在专业人士指导下进行，聘请专业的律师全程参与是非常必要的。要让遗嘱避免无效的风险，需要进行内容审核、精神鉴定、律师见证、录音录像、公证等程序。关于遗嘱的订立、保管和传递，可以委托有公信力的专业第三方机构进行。

遗嘱是最基础的一种财富传承工具，遗嘱虽然存在一些缺点，但是一个完整的财富传承方案中遗嘱是不可缺少的。保险和信托不能涉及的财产，可以由遗嘱来安排。对于普通百姓的传承需求，可以只通过一份完善的遗嘱来进行。但对于企业家和其他高净值人士，以及对于财富传承有更高个性化需求的人士，需要用遗嘱结合其他传承工具形成综合解决方案。

三、保险

（一）保险的功能

保险制度创立的初衷是分担损失，社会大众缴纳小部分保费给保险公司，当保险事故发生时，由保险公司支付保险金，这样一来个体的损失风险被大众所分担，困境中的人们得到救济，有利于社会的和谐与稳定。保险公司保管着一大笔社会资金，慢慢衍生出保险的投资理财功能，人寿保险慢慢具有了一定的储蓄功能，保单的现金价值就是这种功能的体现。类似存款单，保单已成为一种有价证券，可以用于质押贷款。

法律经常是在几种价值之间进行权衡，作出选择的结果。社会大众缴纳的保险费涉及公众利益，所以保险费的安全成为法律重点保护的内容。将资产置入保单，在很多情况下，保险金和保单不用偿还债务，还能避免离婚分割。

《保险法》第 42 条规定："被保险人死亡后，有下列情形之一的，保险金作为被保险人的遗产，由保险人依照《中华人民共和国继承法》的规定履行给付保险金的义务：（一）没有指定受益人，或者受益人指定不明无法确定的；（二）受益人先于被保险人死亡，没有其他受益人的；（三）受益人依法丧失受益权或者放弃受益权，没有其他受益人的。受益人与被保险人在同一事件中死亡，且不能确定死亡先后顺序的，推定受益人死亡在先。"

在保险中指定受益人，保险金就不是被保险人的遗产，而是属于受益人，这就排除了法定继承，实现定向传承的目的。保险金不是遗产，也就不用偿还被继承人的债务。相对于提前赠与，保险利益身后才由子女获得，不会发生因资产已经过户给子女而不能控制资产的风险。

以上这些特性和功能，让保险成为一种常用的财富管理、保护和传承的工具。

（二）保险的缺点

保险的避债作用是存在争议的。随着时代变迁，法律保护的价值顺位可能会发生变化。近年来经常发生的“老赖”通过人身保险逃避债务的行为，促使法院出台相关应对措施，这使得人身保险的避债功能受到冲击。

2018 年 7 月 9 日，江苏省高级人民法院发布《关于加强和规范被执行人所有的人身保险产品财产性权益执行的通知》。该通知明确规定：“保险合同存续期间，人身保险产品财产性权益依照法律、法规规定，或依照保险合同约定归属于被执行人的，人民法院可以执行。”还规定：“保险公司收到人民法院协助执行通知书，应当根据法律、法规规定和保险合同约定计算确定被执行人所有的人身保险产品财产性权益的价值，并严格按照人民法院要求履行协助执行的义务。”“保险公司没有正当理由拒绝协助执行的，人民法院可以依据《中华人民共和国民事诉讼法》第一百一十四条的规定对其采取民事制裁措施。”

很多人不喜欢保险的原因是买保险和理赔的时候客户经理的态度大相径庭，保险产品经过精算师的设计，通常情况下都是保险公司获利。保单虽然具有投资理财和财富传承功能，但大额资金用于购买保险，在通货膨胀的作用下，资金的时间价值都让渡给了保险公司，增加了投保人的成本。

（三）保险的运用

遗产税是一个历史悠久的税种，经过财富积累，一些发达国家实行遗产税制度。但近年来，在某些国家和地区出现了取消遗产税的趋势。经济全球化背景下，遗产税对国际间资本流动会产生影响，成为影响国际税收竞争、吸引外商投资的重要因素，进而会影响一个国家的经济发展。遗产税影响深远，程序复杂，涉及面广，中国将来是否会开征遗产税目前并不确定。

在开征遗产税的国家，通常会存在通过保险、慈善等手段进行税务筹划的空间。购买大额人寿保险，是一种常见的规避遗产税的做法。根据《保险法》的规定，保单指定了受益人的情况下，保险金不作为被保险人的遗产。

需要注意的是，保险虽然具有一定的避债功能，但是法律并不保护恶意通过保险转移资产、逃避债务的行为。对于是否恶意，关键就看购买保险的时间，如果购买保险的时间在债务形成之前，则不属于恶意转移资产。

保险还受到婚姻的影响。根据规定，离婚时，作为投保人的一方可以选择退保，双方分割保单现金价值，也可以一方作为投保人继续投保，并给予另一方相当于现金价值一半的补偿款。对于父母为子女购买保险，而这种保险如不是针对子女的某种疾病或意外而设置的，则子女获得的保险金属于子女和其配偶的夫妻共同财产，一旦子女离婚，将面临被分割的风险。要想避免这种风险，应当在购买保险或指定受益人时配备赠与合同或遗嘱，明确是只对子女一方的赠与。

四、信托

（一）信托的功能

根据《信托法》第2条的定义，信托是指委托人基于对受托人的信任，将其财产权委托给受托人，由受托人按委托人的意愿以自己的名义，为受益人的利益或者特定目的，进行管理或者处分的行为。

信托制度起源于英国，是英美法系的伟大创造。信托法律架构中，主要是委托人、受托人、受益人三方，委托人将财产委托给受托人管理，受托人为受益人的利益或目的管理和处分财产。信托与民事委托不同，民事委托中受托人是以委托人的名义从事民事法律行为，而信托中受托人以自己的名义进行管理。信托制度的法律基础与大陆法系的基本逻辑有所不同，大陆法系民法强调所有权绝对，一个物上只能有一个所有权，而信托法律架构中，认可信托财产上委托人和受托人同时存在的所有权。

信托可以分为公益信托和私人信托，公益信托的受益人为不特定的大众，而私人信托则为私人的利益而设，家族信托属于私人信托。这与市面上的投资理财信托存在本质区别。家族信托的本质依然是信托，其架构为信托法律关系，只是用于家族财富传承领域，才叫家族信托。

信托制度的一大特点是信托财产独立。信托财产与委托人未设立信托的其他财产相区别，信托财产与属于受托人所有的财产相区别，除非有法定情形，信托财产不得被强制执行。受托人死亡或者依法解散、被依法撤销、被宣告破产而终止，信托财产不属于其遗产或者清算财产。法律的价值选择在这里有了鲜明的立场，法律对信托财产的保护超过了对债权人利益的关注。这一特性，决定了信托具有强大的风险隔离和避债功能，在面对负债、婚姻、继承的风险时，信托制度具有较大的运用空间。

【案例】

信托构筑防火墙，阻断债权追索

金总是一家企业的控股股东，这些年企业经营的不错，他琢磨着给儿子小金做点财产规划。听取了律师的建议后，金总将6000万元资产放入家族信托，委托信托公司A管理，指定受益人为儿子小金。

七年以后，发生金融危机，金总的企业遭到毁灭性的打击，金总因为给企业进行担保，遭到债权人起诉，金总无力偿还债务。债权人请求法院处置信托资产，遭到法院拒绝。

需要注意的是，如果信托设立的目的是恶意逃避债务，则不能受到法律保护。

由于信托财产具有独立性，这就从根本上解决了财产需要继承的问题。作为信托收益人，即使不直接持有财产，也能享受收益。将资产放入信托，突破时间的限制，可以实现代际传承。根据《信托法》第15条，委托人不是唯一受益人的，信托存续，信托财产不作为其遗产或者清算财产。这就能够合理解决遗产被征收遗产税的问题。

信托成为一种理想的财富传承工具，除前述特性和功能外，还得益于信托的创造性和灵活性。委托人可以在专业人士的帮助下设计出有想象力的财富传承方案，设计出能够满足个性化需求的财富传承方案，通过信托契约将这些方案形成书面的法律文件。

（二）信托的缺点

信托的基础是信任，委托人基于信任将财产委托给信托公司管理，一般情况下受托人会基于委托人的指示和受益人的利益进行资产管理和处置，但是当委托人去世，有可能发生受托人在信托财产利益和自身利益发生冲突时选择后者，这种道德风险是存在的。

避税与反避税永远是相伴而生，并此消彼长地发展下去，这个世界上并没有一劳永逸的避税手段，避税与反避税是一个动态博弈的过程。将来税务部门可能会出台新政策，对将资产置入信托来避税的做法进行限制。

在国内，将不动产置入信托，涉及资产的过户，会产生一定税费。至于设立股权信托，法律上是可行的，但是方案制订需要复杂的专业安排，特别要防止将来在股权变更、公司治理、企业决策、企业上市等环节出现麻烦。

（三）信托的运用

家族信托在应对负债、离婚、继承等问题时，可以发挥其财富传承的优势，家族信托与遗嘱、保险以及其他法律文件相结合，可以形成相对完善的财富传承解决方案。

【案例】

保险金信托

冯总想购买一份大额保险，进行财富传承，但是又担心儿子拿到保险金后出现浪费行为。虽然儿子还没结婚，但是冯总还惦记着给将来的孙子留下一笔财富。

冯总咨询了律师后，律师给他制订了保险金信托的方案：

冯总用5000万元资产设立家族信托，信托受益人为冯总的儿子和儿子将来的子女。信托合同约定信托公司用信托资产购买一份大额保险，投保人和受益人均为信托公司。信托合同约定，信托公司定期向收益人支付收益。

【案例】

老郑的财富与企业传承方案

老郑白手起家，经过多年打拼，终于将企业经营上市，老郑的企业做得非常好，是某地的知名企业。当年老郑的企业登陆A股主板市场，在当地引起轰动，当地领导出席上市敲钟仪式，那是老郑人生的巅峰时刻。

老郑有两个儿子，大儿子为其与前妻所生，前妻董女士与老郑一起患难与共多年，为郑总事业发展做出了很大贡献，在老郑事业取得辉煌成绩的时候，前妻董女士不幸患病离世，郑总为此非常痛心。小儿子为二婚妻子徐女士所生。大儿子聪明能干，少年老成，毕业于美国某知名大学商学院。小儿子善良纯真，热衷艺术，无心商业。

老郑想让大儿子接手家族企业，又担心今后妻子和小儿子吃亏。

经过讨论和研究，律师为郑总制订了以下传承方案：

1. 郑总用5000万元现金资产购买一份保险，指定自己为被保险人，小儿子为受益人。

2. 郑总订立一份公证遗嘱，遗嘱写明以上保单的相关问题，并明确写明保险利益归小儿子单独享有，不属于其夫妻共同财产。遗嘱写明，三套房产由妻子、大儿子和小儿子各继承一套。

遗嘱写明，老郑在公司的股份和股东身份由大儿子继承，并相应修改公司章程。在集团公司召开董事会，任命大儿子为总经理，老郑继续担任董事长。

3. 郑总将5亿元资金置入家族信托，指定妻子、两个儿子作为受益人。

信托引入第三方机构作为信托保护人，监督受托人按照委托人意志履行义务，保护受益人的利益。

信托合同约定受益比例为妻子30%，小儿子30%，大儿子10%，剩余30%作为家族发展基金。

当家族企业遇到困难并满足一定条件时，可以向家族发展基金申请贷款。家族发展基金作为家族发展的保障基金，可以满足今后家族成员的生活、读书、看病、创业的基本需求。对于后代中有特别杰出贡献者，从家族基金中给予奖励金。

第三节　企业传承与精神传承

中国大量的民营企业是家族企业，家族企业权力过渡与交接的时期，往往成为企业发展的转折点。从宗族祠堂到皇家太庙，家是中国人永远的精神归宿，血缘纽带具有神圣的不可分性。年少时，我们背井离乡外出创业，是为了有一天能够荣归故里，让家人过上更好的生活。无论我们身在何方，家和故乡，都是我们魂牵梦萦的地方，因为那是一切荣耀的起点，是梦开始的地方。

《公司法》第75条规定："自然人股东死亡后，其合法继承人可以继承股东资格；但是，公司章程另有规定的除外。"根据本条，如果章程不加约定，股东突然死亡的，其继承人是可以继承股东资格的。

继承一般是指对财产的继承，法律上对身份的继承只有少数的几种特殊情况。有限责任公司的人合性特征明显，股东间的相互了解与信任是合作的基础。如果股东意外死亡，由其继承人来继承股东资格，可能会因为股东经营理念不同而出现矛盾，甚至陷入公司僵局。

为避免类似情况出现，可以在公司章程中做出类似约定："股东去世的，股东资格不得继承；其股权由其他股东收购或者减资，并将对应的财产返还其合法继承人。"当然，还可以根据情况进行细化，根据各方意愿约定具体的作价和转让方式。对于家族企业，可以约定由家族内部人士继承。

事物的最高境界不在于技术层面，而在于精神层面。财产传承容易，而企业传承难。对于企业传承问题，可以在专业人士帮助下，通过公司章程、股东协议、股权家族信托等工具制订传承方案，并配套公司治理和企业文化塑造等。

对于家族财富传承工具，可以视具体情况综合运用，但更重要的是，做好接班人的培养，做好企业家精神的传承和家族精神的延续。

一切问题的核心在于人，事之成败关键在于人。如何培养家族人才，发挥出家族人才的作用，是一个古老的问题，也是每一个企业家需要面临的现实问题。作为父母和长辈，我们需要教育好子女和后代，塑造他们的健全人格、高尚品格，引导他们养成正确的人生观和价值观，培养他们养成独立思考和解决问题的能力。坚守产品质量和品牌信誉，诚信做事。不能因为暂时的富足就贪图享乐，丢掉父辈勤劳与智慧的优良传统。任何时候，不要人云亦云，要独立思考，形成自己的见解和看法。

创造价值是企业家的使命，企业家精神是勇敢、坚持、创新、责任。面对未知和不确定性敢于尝试是企业家精神的精髓。培养和传承家族成员的企业家精神是家族财富传承的最高形态。

时代在变迁，每个时代有不同的经济模式，每个时代的企业家有不同的特质，但企业家精神和家族精神的内核不会改变。第一代企业家应当在家族内建立起家族精神，树立良好的家风，营造和谐的家庭氛围，并结合财富传承工具，将家族精神和企业家的思想传承下去。以此，激励后代，不忘初心，砥砺前行。

这样，企业家的生命，才能突破时空的限制，实现一种永恒。

图书在版编目（CIP）数据

公司导航：从创业到企业传承的法律指引／孙峰著．—北京：中国法制出版社，2019．8

ISBN 978－7－5216－0365－1

Ⅰ．①公…　Ⅱ．①孙…　Ⅲ．①公司法－研究－中国

Ⅳ．①D922．291．914

中国版本图书馆 CIP 数据核字（2019）第 141638 号

策划编辑　王熹　　　责任编辑　王熹　　　封面设计　杨泽江

公司导航——从创业到企业传承的法律指引

GONGSI DAOHANG——CONG CHUANGYE DAO QIYE CHUANCHENG DE FALÜ ZHIYIN

著者/孙峰

经销/新华书店

印刷/三河市紫恒印装有限公司

开本/710 毫米×1000 毫米　16 开　　　印张/13．5　字数/170 千

版次/2019 年 8 月第 1 版　　　2019 年 8 月第 1 次印刷

中国法制出版社出版

书号 ISBN 978－7－5216－0365－1　　　定价：49．00 元

北京西单横二条 2 号　邮政编码 100031　　　传真：010－66031119

网址：http：//www.zgfzs.com　　　**编辑部电话：010－66010493**

市场营销部电话：010－66017726　　　**邮购部电话：010－66033288**

（如有印装质量问题，请与本社印务部联系调换。电话：010－66032926）